Daniel Bernsen

33 Ideen Digitale Medien

Geschichte

step-by-step erklärt, einfach umgesetzt –
das kann jeder!

 Auer

GRATIS-DOWNLOADS
für das Fach Geschichte

Sichern Sie sich 2 originelle, komplett ausgearbeitete Unterrichtsstunden, die aus dem Stegreif in maximal 5 Minuten vorbereitet sind – ideal für Vertretungsstunden.

Download der Gratis-Materialien unter
www.auer-verlag.de/06713DK1

Gedruckt auf umweltbewusst gefertigtem, chlorfrei gebleichtem und alterungsbeständigem Papier.

2. Auflage 2019
© 2018 Auer Verlag, Augsburg
AAP Lehrerfachverlage GmbH
Alle Rechte vorbehalten.

Covergestaltung: annette forsch konzeption und design, Berlin
Illustrationen: Stefan Lohr
Satz: Fotosatz H. Buck, Kumhausen
Druck und Bindung: Korrekt Nyomdaipari Kft, Budapest
ISBN 978-3-403-08036-7

www.auer-verlag.de

Inhaltsverzeichnis

Ideensammlung

Digitale Medien im Geschichtsunterricht

Digitale Medien können helfen, Schul- und Unterrichtsentwicklung voranzutreiben. Die Rahmenbedingungen stimmen, wenn die nötige Ausstattung in ausreichender Anzahl vorhanden ist und der Internetzugang, die regelmäßige Wartung und die Erneuerung von Netzwerk und Geräten geregelt sind. Aber auch dort, wo die Rahmenbedingungen nicht ideal sind, kann jeder Lehrer[1] punktuell digitale Medien in seinen Unterricht integrieren. Die vorliegenden Unterrichtsideen sind so konzipiert, dass ein normaler Computerraum, wie er in der Regel in jeder weiterführenden Schule vorhanden ist, zur Umsetzung der Ideen genügt.

Notwendige Voraussetzung für die Arbeit mit digitalen Medien in der Schule ist – wohl noch mehr als die Infrastruktur – die Bereitschaft des Lehrers, Neues auszuprobieren, den Schülern Vertrauen zu schenken und den eigenen Unterricht zu öffnen.
Die Unterrichtsideen in diesem Band sind mehrheitlich darauf ausgerichtet, Aktivitäten der Schüler im Sinne einer Produkt- und Handlungsorientierung anzuregen. Das World Wide Web bietet einen Zugang zu einer in der Schule sonst unbekannten Vielfalt von historischen Quellen und Geschichtsdarstellungen, die eine Öffnung des Geschichtsunterrichts in dreifacher Hinsicht ermöglichen:

1. **Auswahl der Inhalte durch die Lernenden:** Die Schüler können innerhalb der vorgegebenen Lehrplanthemen selbst Unterthemen auswählen und eigene Schwerpunkte setzen, ohne dass dies für den Lehrer zusätzlichen (Vorbereitungs-)Aufwand, vor allem auch enormen Kopieraufwand, bedeutet. Voraussetzung ist allein, dass die Schüler einen Internetzugang haben und grundlegend wissen, wie sie gezielt recherchieren können, um genau das zu finden, wonach sie suchen.

2. **Auswahl der Lernprodukte durch die Lernenden:** Auch die Lernprodukte können von den Schülern selbst ausgewählt werden. Es ist keineswegs zwingend notwendig, dass alle Schüler immer das gleiche Produkt erarbeiten. So kann beispielsweise Gruppe 1 einen Vortrag ausarbeiten, Gruppe 2 ein Video drehen und Gruppe 3 eine Umsetzung ihres Themas in Form eines Blogs oder Comics realisieren. Voraussetzung für diese offene Differenzierung ist, dass die Schüler Zugang zu den benötigten Geräten haben – ob nun ihre eigenen Geräte oder Geräte der Schule – und dass für alle Lernprodukte die Qualitätskriterien (Kriterien, was ein gutes Produkt in dem jeweiligen Fall ausmacht) transparent sind. Darüber hinaus sollten die Schüler in der Lage sein, die Präsentation ihrer Arbeitsergebnisse der Jahrgangsstufe entsprechend medienspezifisch umzusetzen. Langfristig ist darauf zu achten, dass die Schüler im Laufe des Schuljahres immer unterschiedliche Darstellungsformen wählen und erproben.

3. **Gestaltung der Lernwege durch die Lernenden:** Ist der Lehrer bereit, sich auf die Öffnung von Thema und Lernprodukt einzulassen – auch wenn dies zum Teil eine enorme Umstellung bedeutet –, so hat dies zur Folge, dass sich auch die Lernwege der Schüler öffnen. Der Lehrer begleitet die Schüler in ihren Prozessen. Er hilft ihnen, Lernen selbst zu bestimmen und zu gestalten. Vergleichbar einem Navigationssystem zeigt der Lehrer den Schülern mögliche Wege zum Ziel auf und unterstützt und motiviert sie dabei, dieses zu erreichen. Umwege sind möglich und bieten in der Regel spannende Lernmöglichkeiten – der Weg zum Ziel wird dann nur entsprechend angepasst.

Aber nicht nur der Lehrer hilft, auch die Schüler unterstützen sich gegenseitig und lernen voneinander. Die Unterrichtsideen in diesem Band sind so angelegt, dass sie offene und ⇨ kollaborative Lernarrangements fördern. Es wird versucht, Anregungen zu geben, die Schüler mit digitalen Medien zu aktiv Handelnden zu machen. In der Schule werden digitale Medien allerdings oft nur als „Hilfsmittel" oder „Werkzeuge" wahrgenommen und im lehrerzentrierten Frontalunterricht genutzt. Ihr Potenzial für Differenzierung und Personalisierung von schulischem sowie lebenslangem Lernen wird dabei nicht ausgeschöpft.

---

1 Aufgrund der besseren Lesbarkeit ist in diesem Buch mit Lehrer immer auch die Lehrerin gemeint, ebenso verhält es sich bei Schüler und Schülerin etc.

Daniel Bernsen: 33 Ideen Digitale Medien Geschichte
© Auer Verlag

Der Zugang zum Web und die Produktorientierung bringen auch einen stärkeren Zugang zu geschichtskulturellen Zeugnissen mit sich: sowohl als Untersuchungsgegenstand als auch in Form selbst erstellter Lernprodukte. Neben dem Schreiben von Texten und Vorträgen können zahlreiche Formen, auch kreative Darstellungsformen wie Comics, Videos oder Ausstellungen, mithilfe digitaler Medien auf einfache Weise in den Unterricht integriert werden. Somit bieten sich über Formen der kulturellen Bildung, also der künstlerischen Auseinandersetzung mit den Gegenständen historischen Lernens, neue Zugänge zur Geschichte.

Nicht zuletzt kann der Geschichtsunterricht, der wie kaum ein anderes Fach mit „Medien" arbeitet, zum Leitfach einer breit verstandenen, historisch orientierten Medienbildung an Schulen werden. Beide, kulturelle wie mediale Bildung, sind Grundlage für die kritische Teilhabe als Bürger in der Informations- und Mediengesellschaft. Der Geschichtsunterricht kann hierbei einen wichtigen Beitrag zur Allgemeinbildung und kulturellen wie politischen Teilhabe der Schüler leisten.

Aufbau des Bandes

Der vorliegende Band bietet 33 Unterrichtsideen für den Geschichtsunterricht mit digitalen Medien. Die Vorschläge entstammen der Praxis und sind alle im Unterricht erprobt.

Die Ideen werden jeweils auf einer Doppelseite übersichtlich und verständlich dargestellt. Sie werden jeweils zunächst allgemein beschrieben (**Beschreibung**) und anschließend noch an einem konkreten Beispiel ausgeführt (**Ablauf und Methode an einem konkreten Beispiel**). Diese Beispiele nehmen oft Bezug auf die lokale Geschichte und können nicht immer an jedem Ort in gleicher Form durchgeführt werden. Sie sind daher exemplarisch zu verstehen. Mithilfe der konkreten Beispiele soll die vorgestellte Methode nachvollziehbar werden, die Themen können jeweils angepasst oder ausgetauscht werden.

Die hier vorgestellten Ideen können grundsätzlich in jeder Schulart eingesetzt werden. Je nach Grad der Komplexität der Methode bieten sich einzelne Ideen nur in höheren Jahrgangsstufen an. Bei jeder Idee findet sich jeweils in der Kopfzeile ein Hinweis, für welche Jahrgangsstufe der vorgestellte Ansatz geeignet erscheint.

Die technischen Voraussetzungen (**Benötigte Materialien und technische Voraussetzungen**) für die einzelnen Unterrichtsideen sind so einfach wie möglich gehalten: Notwendig ist in der Regel nur ein Computer oder ein Tablet mit Internetzugang für jede Arbeitsgruppe. Ein PC oder Laptop bieten sich vor allem dann an, wenn ein größerer Bildschirm oder eine richtige Tastatur zum Schreiben längerer Texte hilfreich sind. In einigen Fällen ist eine spezielle Software oder App notwendig. Der entsprechende Hinweis auf kostenfrei verfügbare Angebote findet sich ebenfalls in der Beschreibung. Vereinzelt wird zusätzlich auf kostenpflichtige Programme verwiesen, wenn diese einen größeren Funktionsumfang bieten, der für den schulischen Anwendungsrahmen sinnvoll erscheint.

Für wenige Unterrichtsideen ist zusätzliches Zubehör wie eine Webcam oder ein Smartphone mit Foto- oder Videofunktion notwendig. Letzteres haben die Schüler zum größten Teil ohnehin „in der Hosentasche" dabei. Angesichts der hohen Qualität der eingebauten Kameras reicht für die meisten Anwendungsszenarien ein Smartphone vollkommen aus, sodass keine zusätzlichen Geräte notwendig sind.

Die ausgewiesenen **Kompetenzbereiche** sind bewusst nicht aus einem der verschiedenen Kompetenzmodelle der verschiedenen Lehrpläne oder der Geschichtsdidaktik übernommen, sondern so formuliert, dass die Zuordnung zu den unterschiedlichen Modellen möglichst einfach ist. Jeder Unterrichtsidee wird jeweils ein Hauptkompetenzbereich zugewiesen, der in besonderem Maße gefördert wird, auch wenn andere Bereiche, jedoch in geringerem Umfang, immer auch eine Rolle spielen. Neben dem aufgeführten Kompetenzbereich werden selbstverständlich auch andere Fertigkeiten und Fähigkeiten aufgebaut und gefördert. Es geht also vor allem darum, den Kern eines Lernarrangements auf einen Blick deutlich zu machen und zugleich eine möglichst hohe Anschlussfähigkeit an die existierenden Modelle zu gewährleisten. Die Kompetenzbereiche sind in diesem Band wie folgt benannt:

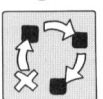

- Geschichte medienspezifisch darstellen
- Bedeutsamkeit historischer Personen, Ereignisse und Entwicklungen erkennen und begründen
- Quellen und Darstellungen suchen und ihre Zuverlässigkeit prüfen
- Quellen und Darstellungen erschließen und untersuchen
- Veränderungen wahrnehmen und beschreiben
- Eigene Fragestellungen entwickeln

Die Unterrichtsideen sind jeweils einer oder in einigen Fällen auch mehreren **Unterrichtsphasen** zugeordnet. Dies dient gleichfalls der schnellen Orientierung für die Unterrichtsplanung. Es werden folgende „Phasen" unterschieden:

- Einstieg
- Erarbeitung
- Ergebnissicherung
- Vertiefung
- Wiederholung
- Anwendung

Eigenständige Reihen sind jeweils als Projekt gekennzeichnet.

Unter dem Punkt **Mögliche Fallstricke und Tipps** wird auf potenzielle Probleme hingewiesen, die sich mit den hier gegebenen Tipps leicht vermeiden lassen. Zudem finden sich hier Vorschläge für mögliche Variationen in der Durchführung.

Um zu verdeutlichen, wie sich die Arbeit mit digitalen Medien von analogen Arbeitsformen unterscheidet, ist jeder Unterrichtsidee eine kurze Skizze einer **analogen Alternative** beigefügt. Diese Alternativen zeigen, wie sich die oben beschriebene Öffnung des Geschichtsunterrichts auch ohne digitale Medien umsetzen lässt – dies ist sicher insbesondere für die Lehrer interessant, die an Schulen arbeiten, die nicht so gut ausgestattet sind.

Abschließend bietet jede Unterrichtsidee als Anregung für die eigene Unterrichtsgestaltung Hinweise auf Materialien, auf bestehende Umsetzungsbeispiele, die sich frei zugänglich im World Wide Web finden, auf Unterrichtsvorschläge sowie auf weiterführende geschichtsdidaktische Literatur (**Materialhinweise, Beispiele und Infoseiten**). Hier werden jeweils die Links angegeben, über die
⇨ **QR-Codes®** können die jeweiligen Seiten direkt aufgerufen werden. Für die Nutzung der QR-Codes® wird ein Smartphone oder Tablet mit installierter Barcode-Scan-App (kostenlos erhältlich über Google Play® bzw. App Store®) benötigt. Die im Band enthaltenen QR-Codes® wurden mit der Scan-App i-nigma getestet.

Ausblick

Die technologische und technische Entwicklung rast seit Jahrzehnten voran, sodass jeder Versuch einer aktuellen Darstellung in gedruckter Form schon bei Erscheinen veraltet sein kann. Daher wurden für diesen Band nicht die aktuellsten Trends berücksichtigt, sondern 33 Unterrichtsideen ausgewählt, die alle in den letzten Jahren bereits mehrfach im Unterricht erprobt wurden und sich bewährt haben. Zwei aktuelle Trends, die deshalb in diesem Band nur am Rande Berücksichtigung gefunden haben, sollen zumindest noch kurz explizit Erwähnung finden: Augmented bzw. Virtual Reality sowie Mobiles Lernen.
Die Verfügbarkeit von mobilen Endgeräten mit Internetzugang wie Smartphones und Tablets hat sich auch bei Kindern und Jugendlichen in den letzten Jahren rasant erhöht. Während in vielen Schulen noch ein „Handy-Verbot" gilt, können diese „Kulturpartizipationsgeräte" für das Lernen, das Produzieren und das gesellschaftliche Partizipieren sinnvoll genutzt werden – sowohl außerhalb als auch innerhalb des Unterrichts.

Daniel Bernsen: 33 Ideen Digitale Medien Geschichte
© Auer Verlag

Mobile Endgeräte vereinfachen und erweitern den Zugang zum Weltwissen, in Bezug auf Geschichte zu Quellen und Darstellungen, und machen diesen Zugang – im Gegensatz zu Archiven und Bibliotheken – unabhängig von Ort und Zeit. Damit kann also nicht nur im Klassenzimmer Geschichte gelernt werden, sondern jeder Ort kann zu einem Lernort für Geschichte werden. Daneben erweitern mobile Endgeräte aber vor allem auch die Möglichkeiten, selbst Untersuchungen, Messungen und Ähnliches vorzunehmen sowie eigene und fremde Beobachtungen festzuhalten und zu dokumentieren. Damit könnte schulisches Lernen viel stärker als bisher die Grenzen von Klassenzimmer und Schulfach überwinden. Anregungen hierzu finden sich in diesem Band z. B. bei den Unterrichtsideen „5.2 Fotorallye – den Schulort mit dem Smartphone entdecken" (siehe S. 65) und „6.3 Zeitzeugeninterviews führen und veröffentlichen" (siehe S. 75).

Noch am Anfang stehen die Nutzung von Augmented Reality und Virtual Reality für historisches Lernen. Viele Museen und andere Kultureinrichtungen haben sich schon auf den Weg gemacht, diese neuen Technologien zu nutzen. Das Anreichern (engl. augment) der wahrnehmbaren (historisch gewachsenen) Umgebung mit zusätzlichen Informationen, die durch eine Linse, z. B. einer Brille oder eines Smartphones, eingeblendet werden, eröffnet neue Zugänge zur Erschließung des historischen Raums, von Gebäuden und Architektur, aber auch in der Nutzung von Büchern oder bei der Analyse von Gemälden.
Virtual Reality bietet neben der Raumerfahrung, z. B. beim Durchschreiten eines virtuell nachgebauten Schlosses, auch die Möglichkeit, Sachquellen, Modelle und Rekonstruktionen nicht mehr nur als Bild in einem Buch abzudrucken, sondern als 3D-Objekt zu zeigen, das gedreht und von allen Seiten betrachtet werden kann.

Die Methoden des historischen Lernens und Arbeitens ändern sich durch diese neuen Darstellungsformen zunächst nicht. Wohl aber können sie die Untersuchungsgegenstände des schulischen Geschichtsunterrichts verändern: Ist der Geschichtsunterricht traditionell auf den Umgang mit Texten fokussiert, so hat die Bedeutung von Karten und neuerdings – mit dem Visual Turn – auch die von Bildern deutlich zugenommen. Zukünftig könnten auch Sachquellen, Modelle, Rekonstruktionen und insbesondere der historische Raum (Spatial Turn) als Untersuchungsgegenstände in den Fokus rücken, da sie nun über die Technik für die Schüler verfügbar und zugänglich gemacht werden können. Auch hierfür finden sich in dem vorliegenden Band erste Ansätze.

Mit einer gewissen Zeitverzögerung zur technologischen Entwicklung ist in den nächsten Jahren sicherlich mit neuen, innovativen Ansätzen für das historische Lernen in der Schule zu rechnen.

Zum Weiterlesen

- Daniel Bernsen / Ulf Kerber (Hg.): Praxishandbuch Historisches Lernen und Medienbildung im digitalen Zeitalter, Opladen / Berlin / Toronto 2017.
- Wolfgang Buchberger / Christoph Kühberger / Christoph Stuhlberger (Hg.): Nutzung digitaler Medien im Geschichtsunterricht, Innsbruck 2015.
- Marko Demantowsk / Christoph Pallaske (Hg.): Geschichte lernen im digitalen Wandel, Berlin / München / Boston 2015.
- Geschichte lernen 159 / 160 (2014): Historisches Lernen mit digitalen Medien.
- Michael Sauer (Hg.): Spurensucher. Ein Praxisbuch für historische Projektarbeit, Hamburg 2014.

45 Minuten

 Einstieg (in eine Unterrichtsreihe)

 Geschichte medienspezifisch darstellen

Beschreibung

Als Einstieg in ein neues Thema können historische Fotoaufnahmen genutzt werden, um das Vorwissen und die vorhandenen Vorstellungen der Schüler zu aktivieren und explizit zu machen, um darauf den weiteren Unterricht aufzubauen.

Die Schüler tauschen sich zunächst über das Thema aus und halten die für sie zentralen Aspekte des Themas fest. Diese werden bei der anschließenden Fotorecherche – entweder über eine Suchmaschine oder in einer thematischen Online-Fotosammlung – als Suchbegriffe verwendet. Die Schüler wählen Bilder aus, die diese Aspekte für sie repräsentieren, und kombinieren diese in einer Collage oder Präsentation, die dann den Mitschülern vorgestellt wird. Dabei begründen sie jeweils ihre Auswahl.

Am Ende der Unterrichtsreihe können die ausgewählten Fotos noch einmal Verwendung finden: Die Schüler beurteilen, ob sie weiterhin die ausgewählten Fotos als repräsentativ für das Thema erachten oder ob sie nun andere Aspekte bzw. Fotos auswählen würden. Auf diese Weise wird deutlich, inwiefern sich durch die Beschäftigung mit dem Thema Konzepte und Vorstellungen der Schüler geschärft, vertieft oder ggf. auch geändert haben.

Benötigte Materialien und technische Voraussetzungen

- Computer oder Tablet mit Internetzugang sowie vorinstallierter Präsentationssoftware, z. B. Microsoft® PowerPoint, Glogster™EDU (*http://edu.glogster.com*) oder Software eines ⇨ interaktiven Whiteboards, pro Kleingruppe

Ablauf und Methode an einem konkreten Beispiel

- **Setting: Einstieg in das Thema Erster Weltkrieg**
- Die Schüler bilden Kleingruppen (drei bis vier Schüler). Der Lehrer fordert die Kleingruppen auf, jeweils fünf Aspekte zu notieren, die den Schülern zu dem Thema Erster Weltkrieg einfallen (z. B. Schützengräben, Frontsoldaten, Panzer, Familien ohne Väter, Zerstörung ganzer Landschaften).
- Die Kleingruppen recherchieren auf *http://www.europeana1914–1918.eu/de* (siehe „Materialhinweise") und wählen jeweils vier bis fünf Fotos aus, die die von ihnen als zentral benannten Aspekte repräsentieren. Sie fügen die Bilder in einer Collage zusammen oder erstellen eine kurze Präsentation.
- Abschließend präsentieren die Kleingruppen ihre Fotos vor der Klasse und begründen jeweils, warum für sie die ausgewählten Aspekte zentral sind und warum die ausgewählten Fotos diese Aspekte jeweils repräsentativ darstellen.

Mögliche Fallstricke und Tipps

- Sowohl für die Suche mit einer Suchmaschine als auch für die Arbeit mit einer Datenbank sollten, wenn dies nicht regelmäßig im Unterricht angeleitet und geübt wird, vorab Suchstrategien und grundlegende Tipps zur Online-Recherche besprochen werden.

Daniel Bernsen: 33 Ideen Digitale Medien Geschichte
© Auer Verlag

- Je nach Datenbank bzw. Fotosammlung kann es hilfreich sein, die Suchbegriffe in Englisch einzugeben, um bessere Ergebnisse zu erzielen.
- Die Methode kann im Grunde in allen Jahrgangsstufen eingesetzt werden. Allerdings fällt es jüngeren Schülern oft noch schwer, passende Oberbegriffe zu bilden und die eigene Auswahl zu begründen. Hier hilft regelmäßiges Üben. In den höheren Jahrgangsstufen steigt die Komplexität der Auseinandersetzung.
- Alternativ lässt sich die Idee auch in Einzelarbeit umsetzen. Dies hat den Vorteil, dass so auch individuelle Konzepte sichtbar werden. Der Nachteil ist allerdings, dass die notwendige Präsentationsphase dann recht lange dauert. Gegebenenfalls kann bei Einzelarbeit die Vorgabe auch auf einen zentralen Aspekt und ein Foto beschränkt werden. Gruppenarbeit bietet wiederum, gerade mit der Einstiegsdiskussion in der Gruppe, ein dynamischeres Verfahren, das insbesondere schwächeren Schülern hilft, vorhandene Vorstellungen überhaupt erst abzurufen.

Analoge Alternative

Der Lehrer legt unterschiedliche Fotos, die er vorab gesammelt, ausgedruckt und ausgeschnitten hat, im Klassenzimmer aus. Jeder Schüler wählt ein Foto aus, das er mit dem neuen Thema verbindet. In einem kurzen Blitzlicht stellt jeder Schüler sein Foto kurz vor und begründet, warum er sich für dieses Foto entschieden hat.

Wichtig ist, dass deutlich mehr Fotos zur Auswahl stehen als Schüler in der Klasse sind, sodass eine wirkliche Auswahl möglich ist, und dass die Bilder unterschiedliche Aspekte des Themas aufgreifen.

Materialhinweise

- Erster Weltkrieg – Europeana 1914–1918:
  http://www.europeana1914-1918.eu/de   `1`
- Berliner Mauer und Mauerfall:
  http://www.chronik-der-mauer.de/material/163703/fotos   `2`
- Deutsche Geschichte – Weimarer Republik, Nationalsozialismus, BRD und DDR:
  http://www.bild.bundesarchiv.de   `3`

`1`

`2`

`3`

90 Minuten

 Ergebnissicherung / Wiederholung

 Geschichte medienspezifisch darstellen

Beschreibung

LearningApps (*https://learningapps.org*) ist eine Plattform, die für alle Fächer multimediale, interaktive Übungen und Lernspiele (u.a. verschiedene Quizformate, Kreuzworträtsel, Puzzle und Zuordnungsspiele) anbietet, der Nutzer kann aber auch mithilfe der von LearningApps zur Verfügung gestellten Vorlagen eigene Übungen erstellen, die dann, falls gewünscht, auf der Plattform veröffentlicht werden können. Die bereits vorhandenen Übungen durchzusehen und auf ihre Qualität und Korrektheit zu prüfen, ist vergleichsweise aufwendig. Oft passen die Übungen nicht genau zum eigenen Unterricht, sie können allerdings auf einfache Weise verändert und neu veröffentlicht werden. Die Plattform bietet somit Lehrern die Möglichkeit, eigene Übungen zu erstellen, die dann zur Bearbeitung an die Schüler weitergegeben werden können – entweder per Link oder ⇨ QR-Code®. Nutzt die Klasse eine ⇨ Lernplattform oder gibt es eine schuleigene Internetseite, können die Übungen dort eingebettet werden. Didaktisch sinnvoller scheint es jedoch, dass die Schüler selbst Übungen erstellen. Hier bieten sich zwei Varianten an:

1. Die Schüler erarbeiten arbeitsteilig verschiedene Teilaspekte eines Themas und erstellen dann eine interaktive Übung als Lernprodukt.
2. Die Schüler wiederholen nach Abschluss einer Unterrichtsreihe das Thema, indem sie hierzu eine interaktive Übung erstellen und anschließend die Lernspiele der anderen Gruppen lösen.

Benötigte Materialien und technische Voraussetzungen

- Computer oder Tablet mit Internetzugang pro Schülerpaar/Kleingruppe
- Schüler-Zugänge zu LearningApps (wenn die Schüler eigene Übungen erstellen)

Ablauf und Methode an einem konkreten Beispiel

- Setting: Wiederholungsstunde am Ende der Unterrichtsreihe zur Römischen Geschichte
- Vorbereitung: Der Lehrer legt im Vorfeld Schüler-Accounts an und stellt den Schülern die Zugangsdaten bereit (z. B. per E-Mail verschicken, Tafelanschrieb).
- Zu Beginn der Stunde schreibt der Lehrer die Teilthemen der vorausgegangenen Unterrichtsreihe an die Tafel (z. B. Gründung Roms, römische Verfassung, Krise der Republik, Augustus, Aufstieg des Christentums, Sklaverei). Die Schüler wählen jeweils ein Teilthema aus, das sie entweder in Partnerarbeit oder in Kleingruppen bearbeiten wollen. Die Namen der Schüler werden jeweils hinter dem entsprechenden Thema notiert.
- Jedes Schülerpaar bzw. jede Kleingruppe arbeitet an einem Computer. Die Schüler wählen jeweils eine App-Vorlage aus und erstellen zu ihrem Teilthema eine interaktive Übung. Der Lehrer hilft, wenn es Fragen gibt oder die Schüler nicht weiterkommen. Paare oder Kleingruppen, die schneller fertig sind, wählen ein zweites Teilthema aus und erstellen eine weitere Übung.
- Je nach Alter der Schüler und Vorerfahrung sollte der Lehrer die inhaltliche Korrektheit der Übungen kurz überprüfen.
- Zum Abschluss testen die Schülerpaare bzw. Kleingruppen die Übungen, die ihre Mitschüler erstellt haben, und bewerten und / oder korrigieren sich gegenseitig.

Daniel Bernsen: 33 Ideen Digitale Medien Geschichte
© Auer Verlag

Mögliche Fallstricke und Tipps

- Für das Anlegen der Schüler-Zugänge sind keine individuellen Daten der Schüler notwendig. Es müssen lediglich ein frei wählbarer Nutzername und ein Passwort angegeben werden. Die Angabe eines Klarnamens oder der persönlichen E-Mail-Adresse sind nicht erforderlich. Somit ist die Seite auch aus datenschutzrechtlicher Sicht für den schulischen Einsatz geeignet.
- Die Seite ist weitgehend intuitiv zu bedienen, sodass auch jüngere Schüler bereits mit ihr arbeiten können.
- Sind die Schüler bereits mit der Plattform vertraut und erfolgt die Wiederholung der Inhalte als vorbereitende Hausaufgabe, kann diese Unterrichtsidee auch in einer Einzelstunde von 45 Minuten durchgeführt werden.
- Alternative Angebote zur Erstellung von interaktiven Online-Übungen sind u.a. Quizlet® (*https://quizlet.com/de*) oder Learning Snacks (*https://www.learningsnacks.de*).

Analoge Alternative

Die Idee lässt sich natürlich auch analog umsetzen: Die Schüler erstellen ein Quiz, ein einfaches Karten- oder Brettspiel aus Papier oder auf Folie (für den Overheadprojektor). Einfach und relativ schnell umsetzbar sind u.a. das Fragenmodell der TV-Sendung „Wer wird Millionär?" oder eine Variante des Gänsespiels (siehe hierzu *https://geschichtsunterricht.wordpress.com/2016/01/21/gaensespiel/*).
Es gibt auch einfach zu bedienende Generatoren, mit deren Hilfe Arbeitsblätter mit verschiedenen Aufgaben- und Übungsformaten erstellt werden können, z.B. bei Tutory® (*https://www.tutory.de*).

Beispiele

- Jahreszahlen schätzen als Multiplayer-Quiz – Mittelalter (segu Geschichte):
  https://learningapps.org/111970   1
- Ereignisse in die richtige zeitliche Reihenfolge bringen – der Peloponnesische Krieg:
  https://learningapps.org/25888   2
- Pferderennen-Quiz – Mit Ahnung durch Plaidt! Geschichte des Schulorts:
  https://learningapps.org/2783216   3
- Gruppenpuzzle – Speisen aus Amerika:
  https://learningapps.org/9790   4

 1
 2
 3
 4

 30–45 Minuten (für die Erstellung der Zeitleiste), 90 Minuten (inklusive Recherche und Präsentation / Diskussion)

 Ergebnissicherung

 Geschichte medienspezifisch darstellen

Beschreibung

Orientierung in der Zeit ist ein zentrales Ziel des Geschichtsunterrichts. Zeitleisten bilden den chronologischen Verlauf räumlich ab. Digitale Zeitleisten bieten zudem die Möglichkeit, auch „bewegte" Inhalte, z. B. Filme oder Übungen, einzubetten.

Zur Erstellung digitaler Zeitleisten können spezielle Anwendungen genutzt werden, die das Erstellen vereinfachen, da hier bereits ein Rahmen vorgegeben ist, der „nur" noch mit eigenen Inhalten gefüllt werden muss. Hierfür sollten die Schüler bereits Erfahrung mit Online-Recherchen haben (siehe hierzu auch „3.1 Online recherchieren und Zuverlässigkeit von Internetseiten prüfen", S. 40), um z. B. passende Bilder und Filme für ihre Zeitleisten zu finden – denn nur so können die Möglichkeiten, die eine digitale Zeitleiste bietet, auch genutzt werden. Eine Zeitleiste, die nur Jahreszahlen und Text enthält, kann im Klassenzimmer schneller analog erstellt werden.

Benötigte Materialien und technische Voraussetzungen

- Computer oder Tablet mit Internetzugang pro Schüler / Schülerpaar / Kleingruppe (je nach gewählter Sozialform)
- Anwendung zur Erstellung digitaler Zeitleisten, z. B. Modul von segu Geschichte (*https://segu-geschichte.de/category/zeitleiste*) oder Zahlenstrahl von LearningApps (*https://learningapps.org/create?new=72*)

Ablauf und Methode an einem konkreten Beispiel

- Setting: Abschluss einer Unterrichtsreihe über die Geschichte des Deutschen Reiches 1871–1890
- Die Schüler bilden Kleingruppen. Sie diskutieren zunächst in der Gruppe, welche Jahreszahlen bzw. Ereignisse sie als zentral erachten und notieren diese.
- Anschließend recherchieren die Schüler (frei) im Web. Sie wählen passendes Bild- und Filmmaterial sowie ggf. interaktive Übungen zum Thema aus oder erstellen selbst kleine Lernspiele (siehe hierzu auch „1.2 LearningApps – interaktive Übungen erstellen", S. 10). Sie verfassen kurze Informationstexte und stellen alle Materialien in einer digitalen Zeitleiste zusammen.
- Abschließend präsentieren die Kleingruppen ihre Zeitleisten. Die Schüler geben sich gegenseitig Feedback zur Auswahl der Inhalte und zur Gestaltung der Zeitleiste.

Mögliche Fallstricke und Tipps

- Falls die Zeitleiste online veröffentlicht werden soll, ist sicherzustellen, dass die in die Zeitleiste eingebetteten Materialien auch veröffentlicht werden dürfen, d. h. es dürfen keine urheberrechtlich geschützten Materialien verwendet werden (⇨ Creative Commons und ⇨ Public Domain).

Daniel Bernsen: 33 Ideen Digitale Medien Geschichte
© Auer Verlag

Das Erstellen von Zeitleisten gehört zu den Lernprodukten des Geschichtsunterrichts und wird in der Regel bereits in der Einführung in das Fach Geschichte thematisiert.

Im Unterschied zu Zeitleisten auf Papier oder Plakaten bieten digitale Zeitleisten den Vorteil, dass sich auch Bilder, Filme oder interaktive Übungen einbetten lassen. Der Nachteil digitaler Zeitleisten ist, dass man diese nicht dauerhaft im Klassenzimmer aufhängen kann, z. B. für Rückgriffe und eine schrittweise Erweiterung.

Ob digital oder analog – die Vorgehensweise bei der Erstellung von Zeitleisten unterscheidet sich kaum.

Beispiele und Infoseiten

- Zeitleiste zur Geschichte des Deutschen Reiches 1871–1890:
  http://app-in-die-geschichte.de/timeline/public/f1ce847f1b2e232f5b5715ab194c17f0
- Zeitleisten erstellen mit der „App in die Geschichte":
  https://geschichtsunterricht.wordpress.com/2014/06/05/kollaborativ-digitale-zeitleisten-im-geschichtsunterricht-erstellen/
- Christoph Pallaske: „Zeitleisten digital erstellen". In: Daniel Bernsen / Ulf Kerber (Hg.): Praxishandbuch Historisches Lernen und Medienbildung im digitalen Zeitalter, Opladen / Berlin / Toronto 2017, S. 433–440.

1

2

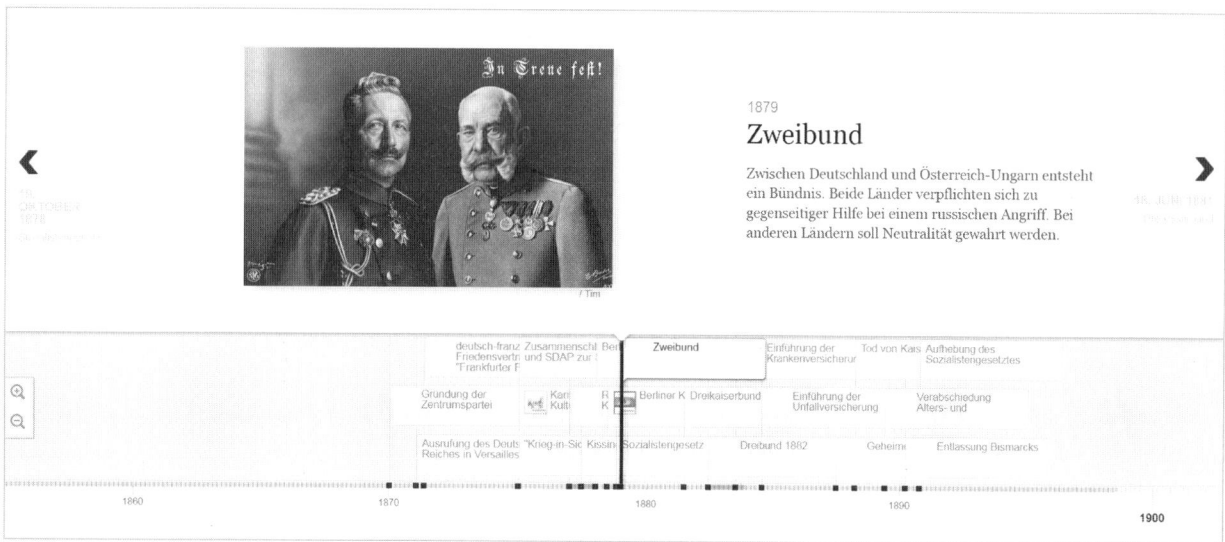

Screenshot von „Zeitleiste Deutsches Reich 1871–1890", erstellt mit der „App in die Geschichte": http://app-in-die-geschichte.de/timeline/public/f1ce847f1b2e232f5b5715ab194c17f0
In Treue fest: https://commons.wikimedia.org/wiki/File%3APre_First_World_War-_Q52752.jpg, von Unbekannt [Public domain], via Wikimedia Commons

1

2

90 Minuten

 Ergebnissicherung

 Geschichte medienspezifisch darstellen

Beschreibung

Die Schüler erstellen zu einem historischen Thema eine digitale Karte, z. B. zum Schulort, einem historischen Ort aus dem Unterricht oder dem Ziel einer Exkursion oder Klassenfahrt. Die Schüler fügen in die digitale Karte Texte, Bilder, Audio- oder Videodateien ein. Dies dient der Visualisierung und Ergebnissicherung des Gelernten. Voraussetzung ist, dass das historische Thema einen starken Raumbezug aufweist und sich sinnvoll in Form einer Karte darstellen lässt, z. B. die Denkmäler oder historischen Straßennamen am Schulort.

Benötigte Materialien und technische Voraussetzungen

• Computer oder Tablet mit Internetzugang pro Schülerpaar / Kleingruppe
• Als Programm kann Google® Maps (*https://www.google.de/maps*) genutzt werden, Alternativen sind StepMap® (*http://www.stepmap.de*) oder OpenStreetMap® (*https://www.openstreetmap.de*), in Kombination mit einer Zeitleiste auch die „App in die Geschichte" (*http://app-in-die-geschichte.de*) oder MyHistro® (*http://www.myhistro.com*).

Ablauf und Methode an einem konkreten Beispiel

• Setting: Abschluss der Unterrichtsreihe über den Ersten Weltkrieg – Erinnerungsspuren an den Ersten Weltkrieg am Schulort
• Vorbereitung: Der Lehrer legt mit Google® Maps eine digitale Karte an. Hierzu muss er sich mit einem Google®-Konto anmelden. Im Browserfenster oben links befindet sich das Menü (drei waagerechte Balken), über das sich eine Karte anlegen lässt („Menü / Meine Orte / Karten / Karte erstellen"). Der Lehrer stellt den Schülern den Link zu der angelegten Karte sowie die Zugangsdaten (Benutzername und Passwort) zur Bearbeitung der Karte bereit (z. B. per E-Mail verschicken, Verlinkung in einer ⇨ Lernplattform, Tafelanschrieb).
• Die Schüler sammeln zunächst an der Tafel oder in einem ⇨ Etherpad in ihrem Schulort vorhandene Erinnerungsspuren des Ersten Weltkriegs, z. B. Denkmäler, Kasernen, Straßennamen.
• Die Schüler wählen einen Erinnerungsort aus, den sie dann in Partnerarbeit oder in Kleingruppen für die digitale Karte aufbereiten.
• Jedes Paar bzw. jede Kleingruppe arbeitet an einem Computer oder Tablet. Die Schüler recherchieren die Geschichte des von ihnen ausgewählten Erinnerungsortes und bereiten ihre Ergebnisse für einen Eintrag auf der digitalen Karte auf. Dazu können sie z. B. einen Text schreiben, diesen einsprechen oder ein Video drehen, sie können vor Ort Fotos machen oder auch alte Fotos im Archiv suchen.
• Bevor die Darstellungen in die Karte eingebunden werden, prüfen die Schülerpaare bzw. Kleingruppen ihre Ergebnisse untereinander, sie korrigieren sich gegenseitig und geben sich Feedback. Der Lehrer berät und hilft.
• Anschließend verorten die Schülerpaare bzw. Kleingruppen ihre Darstellungen auf der digitalen Karte und laden ihre Arbeitsergebnisse hoch.
• Die fertige Karte kann über den Klassenraum hinaus der Öffentlichkeit zugänglich gemacht werden. Eine Möglichkeit ist es, die Karte auf der Homepage der Schule zu verlinken oder einzubetten und damit insbesondere der Schulöffentlichkeit, also anderen Schülern, Eltern und Lehrern, zu präsentieren. Diese Option sollte jedoch vorab mit den Schülern besprochen werden.

Daniel Bernsen: 33 Ideen Digitale Medien Geschichte
© Auer Verlag

Mögliche Fallstricke und Tipps

- Bei Google® Maps kann eine Karte mit nur einem Account von mehreren Computern aus gleichzeitig bearbeitet werden. Es genügt also, wenn der Lehrer einen Account anlegt. Diese Zugangsdaten werden dann allen Schülerpaaren bzw. Kleingruppen zur Verfügung gestellt.
- Die Schüler müssen darauf hingewiesen werden, dass es sich bei den Texten, Grafiken, Fotos und ggf. auch Videos, die sie in die Karte einbinden möchten, um gemeinfreie Materialien handeln muss, d.h. es dürfen keine urheberrechtlich geschützten Materialien verwendet werden. In den meisten Fällen bedeutet dies, dass die Texte, Fotos und Videos von den Schülern selbst erstellt werden müssen – was durchaus sinnvoll und gewinnbringend ist. Benötigen die Schüler Symbole oder Grafiken, suchen sie diese auf Plattformen, deren Inhalte unter ⇨ Public Domain stehen, z. B. bei Openclipart (*https://openclipart.org*) oder Pixabay (*https://pixabay.com*).
- Liegen die Erinnerungsorte in der Nähe des Schulorts / im Schulort können die Schüler die Erinnerungsorte auch aufsuchen (z. B. als Hausaufgabe), um dort eigene Fotos zu machen.
- Es sollte vorab geklärt und ausprobiert werden, wie die von den Schülern gemachten Fotos auf den Schulcomputer übertragen werden können. Hier gibt es verschiedene Möglichkeiten: Wird eine ⇨ Lernplattform genutzt, können die Schüler die Fotos bereits zu Hause in der Lernplattform hochladen und dann in der Schule wiederum über die Lernplattform abrufen. Alternativ übertragen die Schüler ihre Fotos auf ihren Computer und speichern sie dann auf einem USB-Stick ab, den sie mit in die Schule nehmen. Eine weitere Möglichkeit ist, dass die Schüler das Ladekabel ihres Smartphones mitbringen, sodass das Smartphone direkt mit dem Schulcomputer verbunden und die Fotos übertragen werden können. Diese Variante ist jedoch, je nach Konfiguration und Pflege der Schulrechner, vergleichsweise fehleranfällig.

Analoge Alternative

Die Schüler arbeiten an einem Stadtplan aus Papier (aus dem Touristenbüro oder ausgedruckt), der auf ein großes Plakat geklebt wird. Die historischen Erinnerungsorte werden mit Pfeilen markiert. Ähnlich wie bei der digitalen Variante verfassen die Schüler Infotexte und machen ggf. Fotos dieser Erinnerungsorte. Die Texte und Fotos werden dann um den Stadtplan herum aufgeklebt. Zudem kann ein Rundgang, der die Orte miteinander verbindet, auf der Karte eingezeichnet werden.

Beispiele und Infoseiten

- Virtuelle Stadtrundgänge selbst erstellen – Beispiel römisches Köln (segu Geschichte): *https://segu-geschichte.de/roemisches-koeln*

  1
- Handreichung zur Unterrichtsvorbereitung und Durchführung eines Unterrichtsgangs zur Geschichte von Koblenz in den Jahren 1933–1945: *https://geschichtsunterricht.files.wordpress.com/2010/09/handreichung-unterrichtsgang-ns-zeit-koblenz.pdf*

  2

1

2

15–20 Minuten

 Ergebnissicherung / Wiederholung

 Geschichte medienspezifisch darstellen

Beschreibung

Die Schüler stellen ein historisches Thema visuell dar, indem sie Begriffe, Bilder und Symbole zueinander in Beziehung setzen und miteinander verbinden. Gerade bei komplexen und umfangreichen Inhalten kann die Übersetzung eines schriftlichen Textes in eine Symbol-Bild-Struktur nicht nur ein wichtiges Hilfsmittel zur Erschließung, zur Reduktion auf das Wesentliche und zum Herausarbeiten von Zusammenhängen sein, sondern auch das Lernen erleichtern – sowohl im Schulalltag als auch bei Prüfungssituationen.

Benötigte Materialien und technische Voraussetzungen

- Computer oder Tablet mit Internetzugang pro Kleingruppe
- Software eines ⇨ interaktiven Whiteboards oder eine Online-Anwendung wie Conceptboard® (*https://conceptboard.com/de/*), A Web Whiteboard (*https://awwapp.com*) oder Scribblar (*https://scribblar.com*) zur Erstellung der Lernstrukturbilder
- Für Tablet oder Smartphone gibt es auch entsprechende Apps, die man unter dem Stichwort „Sketchnotes" findet, z. B. Paper (iOS®) und Sketchnote Express / Pro (alle Betriebssysteme)

Ablauf und Methode an einem konkreten Beispiel

- Setting: Abschluss der Unterrichtsreihe zum Epochenwechsel Mittelalter – Neuzeit
- Die Schüler arbeiten in Kleingruppen. Sie sammeln zunächst die in den vorangegangenen Stunden erarbeiteten Ereignisse, Erfindungen und strukturellen Veränderungen, die den Epochenwechsel begründen, und notieren Stichpunkte.
- Die Schüler überlegen, wie die einzelnen Elemente zusammenhängen und wie sich der Wandel und die Interdependenzen in einem Lernbild darstellen lassen. Sie fertigen eine erste Skizze an und erörtern, welche Bilder und Symbole geeignet sein könnten, um den Text weiter zu reduzieren, das Thema zu strukturieren und die Inhalte in ihren Zusammenhängen und Abhängigkeiten zu visualisieren. Sie recherchieren online passende Bilder, z. B. Porträts von Luther und Karl V. sowie eine Abbildung einer Buchdruckerei aus dem 15. oder 16. Jahrhundert.
- Anschließend fertigen die Schüler eine zweite, überarbeitete Version des Lernbilds an. Sie ergänzen passende Symbole (z. B. einen Blitz für Krieg oder Konflikt, Schiffe für die europäische Seefahrt) und fügen die zuvor recherchierten Bilder ein.
- Haben alle Gruppen ihr Lernbild überarbeitet, stellt eine Gruppe ihr Ergebnis im Plenum vor. Das Lernbild wird gemeinsam besprochen, die Mitschüler ergänzen oder korrigieren und vergleichen den vorgestellten Entwurf mit ihrem Ergebnis.
- Die digitalen Lernbilder werden per E-Mail an die Schüler verschickt oder über die ⇨ Lernplattform der Schule den Schülern dauerhaft zur Verfügung gestellt.

Mögliche Fallstricke und Tipps

- Durch die Visualisierung, vor allem auch durch das Hinzufügen von Porträtbildern zu den Personennamen im Lernbild, bauen die Schüler nach und nach ein visuelles Gedächtnis auf, das ihnen hilft,

Daniel Bernsen: 33 Ideen Digitale Medien Geschichte
© Auer Verlag

Flugblätter und Karikaturen besser zu erschließen (siehe hierzu auch „4.4 Karikaturen mithilfe des Webs erschließen", S. 57).

- Das Übersetzen von Text in Bilder und Symbole muss regelmäßig geübt werden. Ist diese Form für die Schüler neu, werden in der Regel nur Mindmaps, Listen oder Pfeilabfolgen entstehen.
- Wird diese Methode das erste Mal eingesetzt, ist es hilfreich, den Schülern zunächst verschiedene Beispiele ausgearbeiteter Lernbilder, ggf. zu dem Thema der vorausgegangenen Unterrichtseinheit, zu präsentieren. Die Schüler sehen so zum einen unterschiedliche Herangehens- und Gestaltungs-möglichkeiten, zum anderen lassen sich Kriterien herausarbeiten, die (ggf. auch individuell unter-schiedlich) ein gelungenes Lernbild ausmachen.
- Sind die Schüler mit der Methode vertraut, können visuelle Strukturbilder auch zur Erschließung komplexer Quellen- und Darstellungstexte genutzt werden. Darüber hinaus eignen sie sich zur „Mit-schrift" bei Vorträgen oder Filmdokumentationen, wobei hier in der Regel noch eine nachträgliche Überarbeitung der schnell angefertigten Notizen nötig sein wird.
- Visuelle Strukturbilder können sogar genutzt werden, um damit Videos zu erstellen. Beispiel: *https://www.youtube.com/watch?v=JqAaCWIcngA*

1

Analoge Alternative

Die Visualisierung von Inhalten mithilfe von Sketchnotes (ein Kunstwort, das so viel bedeutet wie „Notizen in Form von Skizzen"), Lernbildern oder Infoblättern kann natürlich auch analog, mit Stift und Papier, erfolgen.

Die Vorteile der digitalen Vorgehensweise sind, dass nach einer Einarbeitung in das genutzte Pro-gramm in der Regel recht schnell Resultate erzielt werden und auch historische Bilder (z. B. Porträts der Personen) auf einfache Weise eingebunden werden können. Das digitale Strukturbild ist zudem unabhängig von den handwerklich-künstlerischen Fähigkeiten des Einzelnen. So kann jeder schnell vorzeigbare Ergebnisse erzielen. Auch das Überarbeiten und Korrigieren, das Weitergeben und Teilen sowie das ⇨ kollaborative Erstellen von Lernbildern sind digital einfacher.

Infoseiten

- Lehren und Lernen mit Sketchnotes – Grundlagen:
  http://pb21.de/2013/04/lehren-und-lernen-mit-sketchnotes-1-grundlagen/

2

- Visuell arbeiten, strukturiert denken: Warum Bildsprache so wirkmächtig ist und wie sie als fachübergreifende Denkkompetenz an Schulen gelehrt werden könnte:
  https://sway.com/VrSE9RjEuv6EtFyr

3

- Alexander König: „Erfassen, strukturieren, systematisieren und visualisieren – Informa-tionskompetenz und Infoblatterstellung im Geschichtsunterricht". In: Computer + Unterricht Nr. 74 (2009), S. 13–15.

1

2

3

45 Minuten

 Ergebnissicherung

 Geschichte medienspezifisch darstellen

Beschreibung

Die Schüler erstellen mithilfe einer Online-Anwendung einen Geschichtscomic als eine Form der eigenen Geschichtserzählung. Dabei müssen zentrale Fragen, wie beispielsweise „Was lasse ich weg?" oder „Wo kann / darf / muss ich etwas hinzuerfinden?", geklärt werden. Auf diese Weise reflektieren die Schüler das Spannungsverhältnis zwischen historischer Triftigkeit und künstlerischer Gestaltungsfreiheit sowie die mit dem Konstruktionscharakter von Geschichte verbundenen Probleme. Dabei handelt es sich im Kern um eine „Variante des kreativen Schreibens" (Mounajed 2012), bei der die medienspezifischen Eigenschaften von Comics als Erzählform berücksichtigt werden.

Comic einer Neuntklässlerin: Lebensgeschichte von John Chillag – Schlüsselmomente seines Lebens in drei Bildern, erstellt mit Make Beliefs Comix®

Benötigte Materialien und technische Voraussetzungen

- Computer oder Tablet mit Internetzugang pro Kleingruppe
- Accounts bzw. je nach verwendetem Programm auch eine kostenpflichtige Lizenz für einen Online-Comic-Generator, z. B. Make Beliefs Comix® (*http://www.makebeliefscomix.com*), Pixton (*https://www.pixton.com*) oder Comic Life (*https://plasq.com/education/take-comic-life-to-school/*)
- Für Tablet oder Smartphone gibt es auch entsprechende Apps, z. B. Comic Life.
- Die meisten Online-„Comic Maker" laufen mit dem Adobe® Flash Player. Es sollte im Vorfeld geprüft werden, ob das gewünschte Programm auf den Geräten, mit denen gearbeitet werden soll, läuft. Gegebenenfalls muss Rücksprache mit dem schulischen EDV-Administrator gehalten werden.

Ablauf und Methode an einem konkreten Beispiel

- Setting: Unmittelbare Nachkriegszeit in Europa
- Vorbereitung: Als Materialgrundlage dienen die Kurzbiografien von Menschen aus verschiedenen europäischen Ländern, die von dem europäischen Geschichtslehrerverband Euroclio gesammelt wurden.
  Englische Textversionen und Unterrichtsmaterial:
  http://la.historiana.eu/la/activity/life-in-europe-1945-1949/ [1]
- Die Schüler wählen jeweils eine Biografie aus. Sie lesen die Lebensgeschichte und halten die wichtigsten Punkte mithilfe eines Fragebogens schriftlich fest.
  Beispiel für einen Fragebogen:
  https://geschichtsunterricht.files.wordpress.com/2016/05/life-stories-arbeitsblatt-biographie.docx [2]

- Anschließend bilden jeweils die Schüler, die die gleiche Biografie gelesen haben, eine Gruppe. Die Schüler vergleichen ihre Ergebnisse. Sie diskutieren, was das zentrale Ereignis im Leben dieses Menschen gewesen ist, und stellen dies in einem 3-Bilder-Comic dar.
- Die Gruppen werden neu zusammengesetzt. In gemischten Expertengruppen, d. h. jeder Schüler hat eine andere Biografie gelesen, stellen die Schüler jeweils „ihre" Person mithilfe des Comics vor.

Mögliche Fallstricke und Tipps

- Die Online-„Comic-Maker" haben alle ausschließlich englischsprachige Benutzeroberflächen. Da die Programme aber weitgehend intuitiv zu bedienen sind, stellt dies für gewöhnlich kein Problem dar.
- Bei einigen Programmen (z. B. Pixton) lassen sich zusätzlich Bilder hochladen. So können auch historische Fotos oder Gemälde zur Comic-Gestaltung genutzt werden, indem beispielsweise Figuren oder Sprechblasen eingefügt werden.
- Die medienspezifischen Charakteristika von Comics im Allgemeinen (Reduktion, Symbole, Perspektiven usw.) sowie von Geschichtscomics im Besonderen (Verdichtung, Personalisierung, Exemplarität usw.) sollten bereits im Vorfeld – der Jahrgangsstufe angepasst – thematisiert worden sein, sodass die Schüler bei der Gestaltung eigener Geschichtscomics auf diese Prinzipien zurückgreifen können. Gegebenenfalls können diese Kriterien auch zur Benotung der Lernprodukte dienen.
- Soll das Projekt größer angelegt werden, bietet sich in einem nächsten Schritt das Erstellen von Legetrick- oder Zeichentrickfilmen an.
  Beispiele für Legetrickfilme zum Thema DDR aus einer Projektwoche:
  https://geschichtsunterricht.wordpress.com/2015/10/05/projekt-doku-und-trickfilme-erstellen/ | 3 |

Analoge Alternative

Geschichtscomics können selbstverständlich auch von Hand gezeichnet werden. Hierbei sind die Schüler jedoch auf eigene künstlerische Fähigkeiten angewiesen. Dies stellt für viele eine Hürde dar, die mit einem digitalen Comic-Programm genommen wird. Gleichzeitig aber sind bei den Programmen die Gestaltungsmöglichkeiten durch die Vorgabe von Figuren, Symbolen usw. begrenzt. Letztlich kann den Schülern aber auch freigestellt werden, ob sie lieber mit einem Comic-Programm arbeiten oder selbst zeichnen. Entscheidend ist allein die Geschichtserzählung in Form eines Comics.

Infoseiten

- René Mounajed: „Geschichtscomicplots schreiben". In: BpB Dossier Kulturelle Bildung: *http://www.bpb.de/gesellschaft/kultur/kulturelle-bildung/136781/geschichtscomicplots-schreiben* | 4 |
- Stefan Semel: „Heimkehr und Hula Hoop. Gestaltung einer Comicseite zu den 50er Jahren nach dem Beispiel von Isabel Kreitz Deutschland – Ein Bilderbuch". In: Geschichte lernen 153 / 154 (2013), Comics und Graphic novels, S. 42–49.

1   2   3   4

 Vorbereitung ca. 30–45 Minuten, Durchführung 6 Minuten 40 Sekunden pro Vortrag

 Ergebnissicherung

 Geschichte medienspezifisch darstellen

Beschreibung

Pecha Kucha ist eine Möglichkeit, eine Unterrichtsreihe oder eine Epoche abzuschließen und in zwei Doppelstunden noch einmal zentrale Inhalte zu wiederholen.

Die Schüler wählen ein Teilthema der Unterrichtsreihe aus und bereiten dazu einen Vortrag vor. Auf den Folien dürfen nur Bilder verwendet werden – jeweils ein Bild pro Folie. Die Folien bzw. Bilder laufen während des Vortrags automatisiert durch, alle 20 Sekunden wechselt die Folie. Pro Vortrag werden insgesamt 20 Bilder benötigt. So ergibt sich eine reine Vortragszeit von 6 Minuten und 40 Sekunden.

Die Schüler lernen auf diese Weise, einen Kurzvortrag präzise zu planen und genau die Bilder auszuwählen, die sich für Erklärungen eignen und das Gesagte veranschaulichen. Sie verzichten dabei auf den Folien vollständig auf Textunterstützung. So werden die Vorträge in der Regel interessanter und die Schüler lernen anschaulich, dass es weder sinnvoll noch notwendig ist, unterstützende Vortragsfolien mit viel Text zu versehen, der dann mehr oder weniger nur abgelesen wird.

Benötigte Materialien und technische Voraussetzungen

- Computer mit Internetzugang sowie vorinstallierter Präsentationssoftware (z. B. Microsoft® Power-Point, LibreOffice® Impress) pro Kleingruppe
- Beamer oder ein ⇨ interaktives Whiteboard für die Präsentation

Ablauf und Methode an einem konkreten Beispiel

- Setting: Abschluss der Unterrichtsreihe über den Ersten Weltkrieg
- Zunächst werden die zentralen Themen der vorausgegangenen Unterrichtsreihe an der Tafel gesammelt (z. B. Kriegsschuldfrage, Kriegsverlauf, Epochenjahr 1917, Novemberrevolution). Die Schüler wählen jeweils ein Thema aus, das sie dann in Kleingruppen bearbeiten.
- Jede Kleingruppe arbeitet an einem Computer. Mithilfe ihrer Unterlagen (Geschichtsheft, Schulbuch) wiederholen die Schüler das Thema. Sie sammeln die wichtigsten Aspekte, strukturieren diese und bringen sie in eine sinnvolle Reihenfolge. Sie überlegen, welche Bilder sich gut zur visuellen Unterstützung des Vortrags eignen würden, und suchen passende Bilder im Netz. Für das Thema Erster Weltkrieg empfiehlt sich eine Recherche auf *http://www.europeana1914-1918.eu/de*. Die Schüler gestalten die Folien und schreiben den Vortragstext, der zeitlich auf den Wechsel der Folien abgestimmt ist. Durch lautes Vorlesen kann der Text an die Bilderfolge im 20-Sekunden-Takt angepasst werden.
- Abschließend halten die Kleingruppen nacheinander ihre Vorträge – in fachlich sinnvoller Reihenfolge. Hierfür sollte ausreichend Zeit eingeplant werden, sodass sich die Schüler gegenseitig Rückmeldung zu den Vorträgen geben können.

Daniel Bernsen: 33 Ideen Digitale Medien Geschichte
© Auer Verlag

- Im kostenfreien Präsentationsprogramm LibreOffice® Impress lässt sich der automatische Folienwechsel unter „Bildschirmpräsentation / Folienübergang / Folienwechsel / Automatisiert nach 00 Sekunden" einstellen (zu Microsoft® PowerPoint siehe Infoseiten).
- Sind die Schüler mit der Internetrecherche, insbesondere mit der Bildersuche, noch nicht so vertraut, bietet es sich an, den Einstieg in die Bildersuche im Web mit der Vorbereitung der Vorträge zu verknüpfen oder den Schülern eine oder mehrere themenspezifische Internetseiten oder Datenbanken zu nennen, wo sie ausreichend Bildmaterial zu dem jeweiligen Thema finden.
- Die Koordination von Bild und Text sowie die zeitliche Vorgabe von jeweils 20 Sekunden pro Bild stellen eine enorme Herausforderung dar. Wird die Vortragsform Pecha Kucha zum ersten Mal eingesetzt, sollte zwischen der Vorbereitung und dem eigentlichen Vortrag ausreichend Zeit zur Einübung der Vorträge zur Verfügung stehen (z. B. als Hausaufgabe).
- Hält der Lehrer zu Beginn zunächst selbst einen kurzen Pecha Kucha-Vortrag, kann so einerseits das Prinzip für die Schüler veranschaulicht werden, andererseits lernt der Lehrer so die Schwierigkeiten dieser Vortragsform kennen.
- Um den zeitlichen Rahmen für das Feedback nach der Präsentation etwas zu begrenzen, können die Vortragenden jeweils drei Mitschüler auswählen, die ihnen Feedback geben. Auf diese Weise kann auch möglicherweise vorhandenen gruppendynamischen Prozessen innerhalb der Lerngruppe entgegengewirkt werden.

Analoge Alternative

Sicherlich könnten als analoge Alternative auch Bilder großformatig ausgedruckt und auf einzelne Plakate geklebt werden, die dann den Vortrag, dessen Länge genau vorgegeben ist, unterstützen. Der besondere Reiz und die Herausforderung beim Pecha Kucha ist der automatisierte Bildwechsel nach 20 Sekunden, der durch das Präsentationsprogramm gesteuert wird. Dies lässt sich analog nur schlecht nachahmen. Zudem können die ausgewählten Bilder über den Beamer größer gezeigt werden und sind so für alle gut zu erkennen.

Beispiele und Infoseiten

- Vortrag „Der tote Mann im Brunnen":
  https://vimeo.com/140649945 `1`
- Vortrag „Ungebautes Koblenz":
  https://vimeo.com/99616049 `2`
- Informationen zur Vortragsform Pecha Kucha:
  https://de.wikipedia.org/wiki/Pecha_Kucha `3`
- Erstellung einer Pecha Kucha-Präsentation mit Microsoft® PowerPoint:
  http://www.medienzentrum-ekm.de/attachment/0ec569facd4811dda245999cc8d4a723a723/ `4`
  1e066d6843de76466d611e09e3ead5438071e3a1e3a/Erstellung_einer_PechaKucha_mit_PP.pdf

`1`

`2`

`3`

`4`

 3–10 Unterrichtsstunden

 Ergebnissicherung

 Geschichte medienspezifisch darstellen

Beschreibung

Die Schüler gestalten zu einem historischen Thema einen virtuellen Stadtrundgang. Sie erarbeiten Texte und erstellen Audio- oder Videodateien, die sie dann in sinnvoller Reihenfolge miteinander verbinden. Dieser Rundgang wird anschließend online veröffentlicht, z.B. über die Einbettung der Lernprodukte in eine digitale Karte (siehe hierzu auch „1.4 Digitale Karten erstellen", S. 14), in Form eines Geocaches (siehe hierzu auch „1.10 Geocaching – Geschichte draußen entdecken, S. 26), in einem eigenen ⇨ Blog oder auf der Schulhomepage.

Benötigte Materialien und technische Voraussetzungen

• Computer mit Internetzugang sowie vorinstalliertem Schnittprogramm, z.B. Camtasia®
  (*https://www.techsmith.de/camtasia*), pro Kleingruppe
• mindestens ein Zugang für Google® Maps (*https://www.google.de/maps*)
• Die Tonaufnahmen können die Schüler mit ihren Smartphones durchführen. Um eine gute Aufnahmequalität zu gewährleisten, kann zusätzlich ein USB-Mikrofon verwendet werden. Die Dateien werden dann zur Bearbeitung (z.B. Schnitt) per E-Mail, über Bluetooth oder Kabel auf einen Computer übertragen (siehe hierzu auch „1.4 Digitale Karten erstellen", S. 14).
• Für die Arbeit mit Audiodateien ist das kostenlose OpenSource-Schnittprogramm Audacity®
  (*http://www.audacityteam.org*) zu empfehlen.

Ablauf und Methode an einem konkreten Beispiel

• Setting: Jüdisches Leben im mittelalterlichen Koblenz – Stadtrundgang an vier Stationen mit Videos
• Die Klasse überlegt gemeinsam, wer die Zielgruppe des Lernprodukts ist und wie man diese Zielgruppe erreichen kann, d.h. wie das Thema umgesetzt wird (z.B. als Karte mit Texten, Bildern, Audiodateien oder Videos). Hier kann an unterschiedliche Zielgruppen und Umsetzungsmöglichkeiten gedacht werden: Präsentation der Ergebnisse in einer anderen Klasse, Einladung der Eltern zu einer Präsentation, Veröffentlichung auf der Schulhomepage, Anfrage bei der Stadttouristik oder dem lokalen Geschichtsverein, ob Interesse an dem Ergebnis besteht, u.v.a.m.
• Die Schüler bilden Kleingruppen. Jede Kleingruppe wählt einen Teilaspekt des vorgegebenen Themas aus und ordnet diesem Aspekt einen Ort in der Karte zu. Oder umgekehrt: Die Kleingruppen wählen zunächst einen Ort aus, über den sie dann zu einem spezifischen Aspekt finden.
• Die Kleingruppen tragen alle Informationen zu ihrem Aspekt / Ort, die sie in der Unterrichtsreihe erarbeitet haben, zusammen und überlegen, wie sie das Thema medienspezifisch umsetzen können – in diesem Fall als Video – und welche zusätzlichen Materialien (weitere Bilder, eine Karte o.Ä.) sie noch benötigen.
• Zwischen den Kleingruppen findet eine enge Absprache statt. Bevor die Schüler mit dem Schreiben der Texte beginnen, muss die (vorläufige) Reihenfolge der Stationen festgelegt werden, sodass die Gruppen aufeinander Bezug nehmen (Was wissen die Rezipienten bereits?) und die Übergänge entsprechend gestaltet werden können.
• Die Kleingruppen verfassen zunächst ihre Texte und recherchieren passende Bilder. Anschließend werden die Texte eingesprochen und die Audiodateien ggf. noch bearbeitet.

Daniel Bernsen: 33 Ideen Digitale Medien Geschichte
© Auer Verlag

- Die Bilder werden in das Schnittprogramm hochgeladen und in die gewünschte Reihenfolge gebracht. Auch die Tonspur wird hochgeladen und passend zu den Bildern gesetzt. Bei Bedarf können noch ein Titelbild, ein Abspann und Beschriftungen hinzugefügt werden.
- Sind alle Videos erstellt, werden diese im Plenum gemeinsam angeschaut. Die Gruppen geben sich gegenseitig Rückmeldung. Hierfür sollte ausreichend Zeit eingeplant werden.
- Da der Aufwand, speziell für das Erstellen von Videos, sehr hoch ist, sollten die Arbeitsergebnisse einer größeren Öffentlichkeit zugänglich gemacht und so entsprechend gewürdigt werden (z. B. über YouTube®, ein Blog, die Schulhomepage).

Mögliche Fallstricke und Tipps

- Es ist in jedem Fall hilfreich, im Vorfeld abzufragen, welche Schüler schon Erfahrung im Bereich der Bild-, Audio- oder Videobearbeitung gesammelt haben. Diese Schüler können als „Experten" fungieren und ihren Mitschülern grundlegende Kenntnisse vermitteln oder bei Problemen helfen (⇨ Peer-Learning).
- Soll der virtuelle Stadtrundgang veröffentlicht werden, müssen die Schüler im Besonderen auf die Einhaltung des Urheberrechts achten (siehe hierzu auch „1.3 Digitale Zeitleisten erstellen", S. 12 und „1.4 Digitale Karten erstellen", S. 14). Dies betrifft auch den Einsatz von Musik (z. B. als Hintergrundmusik). Eine Liste mit für Bildungszwecke frei verfügbarer Musik findet sich auf der Seite Medienpädagogik-Praxis (*https://www.medienpaedagogik-praxis.de/kostenlose-medien/freie-musik*).
- Werden Audiodateien in den Stadtrundgang eingebunden, können auch Umfragen oder Zeitzeugengespräche ganz oder in Auszügen eingesetzt werden. Das kostet zwar mehr Zeit, zahlt sich aber aus: Das Methodenrepertoire der Schüler wird erweitert und die Beiträge sind interessanter.

Analoge Alternative

Die Schüler schreiben Texte, zeichnen oder machen Fotos und stellen die Ergebnisse dann zu einem historischen Rundgang in einer Broschüre oder einem Faltblatt zusammen, das kopiert und einer interessierten Öffentlichkeit (Eltern, Schule, Touristen u. v. a. m.) zugänglich gemacht werden kann. Auch ein „Rundgang" in Form mehrerer Plakate (jedes Plakat beschreibt einen anderen Ort), die z. B. im Foyer der Schule aushängen, ist alternativ vorstellbar.

Beispiele

- Jüdisches Leben im mittelalterlichen Koblenz (Eichendorff-Gymnasium Koblenz): *https://www.youtube.com/watch?v=xR-A8cHmOq4* (4 Videos)

1

1

Daniel Bernsen: 33 Ideen Digitale Medien Geschichte
© Auer Verlag

je nach Ansatz 45 Minuten bis zu mehrwöchiger Projektarbeit

 Ergebnissicherung oder Projekt

 Geschichte medienspezifisch darstellen

Beschreibung

Die Schüler erzählen mit maximal 140 Zeichen umfassenden Kurznachrichten auf Twitter® historische Ereignisse nach. Diese besondere Form der Darstellung kann von einem sehr quellennahen Nacherzählen bis hin zu freieren Formen des Interpretierens reichen, in welchen Lücken in den Quellen durch Analogieschlüsse überbrückt werden und das Verhalten von einzelnen historischen Akteuren nachempfunden und nachgespielt wird. Dies kann sowohl zeitgleich als auch zeitversetzt passieren. Möglich ist auch ein (fast) zeitgenaues Nachspielen, indem die Veröffentlichung der Tweets® an dem entsprechenden Jahrestag des Ereignisses und, falls bekannt, zur gleichen Uhrzeit erfolgt.

Benötigte Materialien und technische Voraussetzungen

- Computer oder Tablet mit Internetzugang pro Kleingruppe
- Accounts für die „historischen Personen" auf Twitter® sowie für die Anmeldung auf Twitter®. Zur Einrichtung der Accounts sowie zur Anmeldung werden E-Mail-Adressen benötigt.

Ablauf und Methode an einem konkreten Beispiel

- Setting: Verhandlungen über den Zwei-plus-Vier-Vertrag
- Vorbereitung: Anmeldung auf Twitter® und Anlegen der Accounts für die historischen Personen
- Die Schüler teilen sich in sechs Kleingruppen auf. Jede Kleingruppe übernimmt einen der Akteure (BRD / Kohl, DDR / Modrow, USA / Bush Senior, Großbritannien / Thatcher, Frankreich / Mitterand, UdSSR / Gorbatschow).
- Die Kleingruppen erarbeiten zunächst mithilfe des Schulbuchs (oder einer Internetrecherche) die unterschiedlichen Positionen und Verhandlungsspielräume der beteiligten Staaten und fassen diese zusammen.
- Anschließend bereiten die Kleingruppen Tweets® vor, die die Position und (mögliche) Reaktionen ihres jeweiligen Staatsoberhaupts in den Verhandlungen zusammenfassen. Auf diese Weise zeichnen sie den Verlauf der Verhandlungen nach.
- Alle vorbereiteten Tweets® werden gesammelt und den Schülern für die Nachbesprechung (nach Veröffentlichung der Tweets®) zur Verfügung gestellt (als Kopie oder digital).
- Die Tweets® werden dann taggenau veröffentlicht, sodass über mehrere Wochen hinweg Dauer und Prozess der Verhandlungen auf Twitter® dargestellt werden.
- Nach Abschluss der „Verhandlungen" wird die Form dieser Darstellung historischer Ereignisse diskutiert und die Schüler vergleichen das Ergebnis der virtuell geführten Verhandlungen mit (Auszügen aus) dem tatsächlichen Vertragstext.

Mögliche Fallstricke und Tipps

- Es ist wichtig, dass die Durchführung bzw. die Ergebnissicherung in Form von Tweets® nicht allein stehen bleibt, sondern eingebettet wird in eine parallel oder anschließend stattfindende Reflexion und Diskussion über die Triftigkeit und Plausibilität der Darstellung sowie über die damit verbundenen methodischen Fragen historischen Arbeitens.

Daniel Bernsen: 33 Ideen Digitale Medien Geschichte
© Auer Verlag

- Der Lehrer sollte im Vorfeld prüfen, ob zu dem gewählten Thema ausreichend (Quellen-)Material verfügbar ist, mit dem die Schüler arbeiten können. Ist nur wenig Material verfügbar, kann das Rollenspiel zwar ebenso durchgeführt werden, allerdings muss dann die Thematisierung geschichtswissenschaftlichen Arbeitens sowie der Reichweite bzw. der Grenze historischer Erkenntnis in den Vordergrund des Projekts rücken.
- Der Zeitaufwand für die Recherche, das Quellenstudium und die Erstellung der Tweets® kann leicht unterschätzt werden. Hierfür sollte ausreichend Zeit und zusätzlich ein kleiner „Puffer" eingeplant werden. Gibt der Lehrer vor, welche Internetseiten oder Bücher für die Recherche verwendet werden sollen (ggf. auch durch eine engere Vorauswahl an Quellen), kann das Projekt sowohl zeitlich als auch inhaltlich auf den Aspekt der eigenständigen Erstellung einer medienspezifischen Geschichtsdarstellung begrenzt werden.
- Es besteht die Gefahr der Reduzierung auf eine „Geschichte großer, weißer Männer". Dem kann durch entsprechende Einbettung in den Unterricht sowie Themenauswahl und durch Berücksichtigung verschiedener Perspektiven bei der Auswahl der Akteure vorgebeugt werden.

Analoge Alternative

„TwHistory"-Projekte lassen sich mit Plan-, Simulations- und Rollenspielen vergleichen, allerdings mit dem Unterschied, dass bei diesen Projekten der eigenen Recherche und dem (altersgemäßen) historischen Arbeiten eine größere Bedeutung zukommen. Umgesetzt werden können die Ergebnisse aber auch in einem „Live"-Rollenspiel im Klassenzimmer. Während die Schüler bei Twitter® hinter den „Profilen" der historischen Personen verschwinden, verkörpern sie bei einem Rollenspiel direkt ihre Rolle. Lassen sich bei Twitter® zeitliche Abstände zwischen den Reaktionen simulieren, so ist das Rollenspiel im Klassenzimmer immer auf eine kurze Präsentationszeit beschränkt; der zeitliche Fortgang lässt sich hier nur mit Hinweisschildern markieren.

Beispiele und Infoseiten

- Live aus der Paulskirche (Projekt eines Grundkurses, Jahrgangsstufe 12):
  https://www.lehrer-online.de/unterricht/sekundarstufen/geisteswissenschaften/geschichte/unterrichtseinheit/ue/mit-blog-und-twitter-live-aus-der-paulskirche/ `1`
- Sandra Aßmann / Bardo Herzig: „Integrative Medienbildung in der Geschichtsdidaktik am Beispiel von TwHistory-Projekten". In: Christoph Pallaske (Hg): Medien machen Geschichte. Neue Anforderungen an den geschichtsdidaktischen Medienbegriff im digitalen Wandel, Berlin 2015, S. 67–84. Online verfügbar unter: `2`
  https://kups.ub.uni-koeln.de/6660/1/22_04_15_Aßmann_Herzig_OA.pdf

`1` `2`

je nach Ansatz 45 Minuten bis zu mehrwöchiger Projektarbeit

 Einstieg, Ergebnissicherung oder Projekt

 Geschichte medienspezifisch darstellen

Beschreibung

Geocaching lässt sich als eine Art „Schnitzeljagd" mit GPS-Geräten beschreiben: Hierzu wird an einem bestimmten Ort ein „Schatz" versteckt, der mithilfe von GPS-Daten oder durch das Lösen eines Rätsels gefunden werden kann. Der Schatz ist in der Regel eine kleine Dose, in der sich ein Logbuch befindet, in das sich diejenigen eintragen, die die Dose gefunden haben.

Viele Geocaches liegen in der Nähe historischer Orte oder thematisieren die Geschichte einer Stadt, eines Viertel, eines Gebäudes, eines Platzes oder einer Person. Sie sind Teil der öffentlichen Geschichtskultur und bieten zahlreiche Lernanlässe. Für den Geschichtsunterricht können bestehende Geocaches u. a. für den Einstieg in ein Thema (in Form eines Unterrichtsgangs), auf Exkursionen oder Klassenfahrten genutzt werden. Die Schüler können aber auch eigene Caches erstellen – als Lernprodukt am Ende eines Projekts oder einer Unterrichtsreihe. Bei letzterem handelt es sich dann um eine alternative Form von Geschichtsdarstellungen als Ergebnissicherung.

Benötigte Materialien und technische Voraussetzungen

- zur Vorbereitung und Auswahl eines Caches: Computer, Tablet oder Smartphone mit Internetzugang (bestehende Geocaches finden sich u. a. unter *https://www.geocaching.com/play* oder *https://www.opencaching.de*)
- für das Suchen eines bestehenden Caches: GPS-Gerät oder Smartphone pro Kleingruppe
- für das Erstellen eigener Caches: Computer, Tablet oder Smartphone mit Internetzugang sowie GPS-Gerät oder Smartphone (um die GPS-Daten der gewählten Orte und das Funktionieren des eigenen Caches zu prüfen) pro Kleingruppe
- Es ist von Vorteil, wenn die Schüler schon einmal mit digitalen Karten gearbeitet haben und wissen, wie GPS funktioniert. Gegebenenfalls ergibt sich hier die Möglichkeit einer fächerübergreifenden Zusammenarbeit mit dem Fach Erdkunde.

Ablauf und Methode an einem konkreten Beispiel

- Setting: Projektarbeit zur jüdischen Geschichte im Mittelalter – „Multi-Cache" erstellen
- Vorbereitung: Die Schüler informieren sich über die Geschichte der Juden im Mittelalter, speziell in ihrem Schulort. Der Lehrer sollte vorab geprüft haben, welche Materialien es hierzu online und in gedruckter Form gibt, um den Schülern bei der Recherche helfen zu können. Gegebenenfalls kann der Lehrer auch eine Sammlung an Texten zur Verfügung stellen oder Links für die Recherche vorgeben.
- Die Klasse überlegt zunächst gemeinsam, welche Orte / Plätze ihres Schulorts als Stationen für die Caches in Frage kommen, und ordnet jedem Ort / Platz einzelne Aspekte des Themas zu.
- Die Schüler bilden Kleingruppen. Jede Kleingruppe übernimmt eine Station. Die Schüler verfassen zu ihrer jeweiligen Station einen Informationstext und entwickeln ein Rätsel, das, wenn es richtig gelöst wird, die Suchenden zu der nächsten Station führt bzw. sie am Ende den „Schatz" finden lässt.
- Die erstellten Caches werden dann über ein Formular bei einer der genannten Geocaching-Seiten hochgeladen oder selbstständig digital, z. B. über die Schulhomepage, zur Verfügung gestellt (siehe hierzu auch „Mögliche Fallstricke und Tipps").

Daniel Bernsen: 33 Ideen Digitale Medien Geschichte
© Auer Verlag

- Alternativ kann auch die Vorgabe gemacht werden, dass der Cache speziell für Schüler der unteren Jahrgangsstufen gestaltet werden muss, die gerade das Thema Mittelalter behandeln und den Aspekt der jüdischen Geschichte mithilfe des Geocaches erarbeiten. Die Ergebnispräsentation wäre dann die Einführung der unteren Jahrgangsstufen in das Geocaching bzw. die Hilfe beim Geocaching.

Mögliche Fallstricke und Tipps

- Erstellen die Schüler einen eigenen Cache, sollte darauf geachtet werden, dass keine Texte aus dem Internet kopiert und als „eigene" Texte zum Cache veröffentlicht werden (Einhaltung des Urheberrechts, ⇨ Public Domain, ⇨ Creative Commons). Die erstellten Caches sollten vor Veröffentlichung auf jeden Fall noch einmal von dem Lehrer gegengelesen und geprüft werden.
- Das Veröffentlichen von eigenen Caches auf den bekannten Portalen sowie die dauerhafte „Pflege" der Caches ist nicht ganz leicht. Eine Alternative stellt die temporäre Bereitstellung der Caches dar, sodass diese nur innerhalb der Lerngruppe gegenseitig gesucht werden und eventuell darüber hinaus noch für einen „Tag der offenen Tür" oder am Abschluss einer Projektwoche für die schulische Öffentlichkeit zur Verfügung stehen und danach wieder aufgehoben werden.

Analoge Alternative

Auch ohne GPS-Daten kann eine „Schnitzeljagd" durch den Schulort erstellt werden, in der Fragen zur Geschichte, Rätsel- und Suchaufgaben Hinweise geben, die ein Auffinden der nächsten Station ermöglichen. Am Ende kann z. B. ein Lösungswort stehen, das sich aus den einzelnen Hinweisen an den verschiedenen Stationen ergibt. Dies lässt sich vollständig analog, allein mit Kopien, umsetzen. Eine weitere Alternative ist eine Foto-Rallye, bei der die Schüler anhand von ausgedruckten historischen Fotos den Ort im aktuellen Stadtbild wiederfinden und fotografieren müssen.

Beispiele und Infoseiten

- Jüdisches Leben im mittelalterlichen Koblenz:
  https://www.opencaching.de/viewcache.php?wp=OCF2F7 [1]
- Koblenz – (k)eine Hauptstadt?:
  https://www.opencaching.de/viewcache.php?cacheid=164688 [2]
- Daniel Bernsen: „Geocaching und mobiles Geschichtslernen – Lokale und regionale Geschichtskultur als ein Ausgangspunkt für exemplarisches Lernen im Geschichtsunterricht". In: Wolfgang Buchberger / Christoph Kühberger / Christoph Stuhlberger (Hg.): Nutzung digitaler Medien im Geschichtsunterricht, Innsbruck 2015, S. 111–122.
- Daniel Bernsen: „Mit GPS-Gerät und Smartphone historische Orte entdecken – Geocaching und historisches Lernen". In: Ders. / Ulf Kerber (Hg.): Praxishandbuch Historisches Lernen und Medienbildung im digitalen Zeitalter, Opladen / Berlin / Toronto 2017, S. 347–354.

[1]

[2]

2–3 Unterrichtsstunden

 Ergebnissicherung / Anwendung

 Geschichte medienspezifisch darstellen

Beschreibung

Zum Abschluss einer Unterrichtsreihe gestalten die Schüler eine Ausstellung. Hierzu wählen sie passende Bilder aus und verfassen kurze, aussagekräftige Bildunterschriften. Die Schüler arbeiten dabei in Gruppen, entweder arbeitsgleich oder arbeitsteilig (z. B. indem die Gruppen jeweils unterschiedliche Aspekte des Themas in wenigen Bildern aufbereiten). Bei den Bildern kann es sich, je nach Thema, um Fotos, Karikaturen oder Malereien handeln.
Entscheidend ist, dass ein großer Fundus digitalisierter Bildquellen, aus denen die Schüler auswählen können, im Internet zugänglich ist.

Benötigte Materialien und technische Voraussetzungen

- Computer oder Tablet mit Internetzugang und vorinstalliertem ⇨ Office-Schreibprogramm pro Kleingruppe
- Drucker oder eine Website, ein ⇨ Wiki oder ein ⇨ Blog (bei einer Online-Präsentation der Ergebnisse)

Ablauf und Methode an einem konkreten Beispiel

- Setting: Abschluss der Unterrichtseinheit über den Ersten Weltkrieg
- An der Tafel werden zunächst verschiedene Aspekte des Themas gesammelt, dazu gehören u. a. Kriegsbeginn, Kriegsverlauf, Frontalltag, Propaganda.
- Die Schüler wählen, je nach Interesse, jeweils einen Aspekt aus, den sie dann in Kleingruppen für die Ausstellung aufbereiten.
- Die Kleingruppen erstellen jeweils eine Mindmap zu dem gewählten Unterthema. Anhand der Mindmap überlegen die Schüler gemeinsam, welche Darstellungen geeignet wären, um das Unterthema für ein Publikum, das nichts oder nur wenig über den Ersten Weltkrieg weiß, aufzubereiten.
- Mithilfe der Schlagwörter der Mindmap und ausgehend von ihren Vorüberlegungen zur Bildauswahl suchen die Schüler auf *http://www.europeana1914-1918.eu/de* nach geeigneten Bildern für ihren Teil der Ausstellung. Sie speichern die Bilder auf ihrem Rechner, importieren sie in ein Office-Schreibprogramm, notieren die wichtigsten Informationen zu den Bildern und verfassen kurze Informationstexte.
- Die Bilder und Informationstexte werden ausgedruckt und in einer von den Schülern festgelegten Reihenfolge im Klassenzimmer aufgehängt.
- Abschließend präsentiert jede Kleingruppe im Plenum ihren Teil der Ausstellung und begründet die Auswahl der Bilder. Die Mitschüler geben jeweils Feedback.

Mögliche Fallstricke und Tipps

- Stehen zu viele Bilder zur Auswahl oder haben die Schüler nur wenig Erfahrung mit dieser Art der Erarbeitung, besteht die Gefahr, dass sie sich im Anschauen und Durchklicken der Bilder verlieren. Gegebenenfalls muss die Auswahl eingeschränkt werden, z. B. indem das Thema enger formuliert wird oder die Anzahl von Bildern, die den Schülern zur Auswahl stehen, reduziert wird.

Daniel Bernsen: 33 Ideen Digitale Medien Geschichte
© Auer Verlag

- Die einfachste Art, die Ausstellung auch online zu präsentieren, ist die Einrichtung eines Blogs (z. B. kostenlos unter *https://de.wordpress.com*). Jeder Schüler kann einen eigenen Zugang erhalten und es können abgestufte Bearbeitungsrechte vergeben werden. Die Bilder werden dann direkt in das Blog hochgeladen. Jedes Bild bekommt einen eigenen Eintrag.
- Alternative Darstellungsformen sind die Gestaltung einer Seite auf Pinterest® (*https://www.pinterest.de*) oder die Erstellung eines virtuellen Plakats, z. B. mit Glogster™ EDU (*http://edu.glogster.com*) oder Padlet® (*https://padlet.com*).
- Soll die Ausstellung online veröffentlicht werden, ist sicherzustellen, dass die Bilder und Texte auch veröffentlicht werden dürfen, d. h. es dürfen keine urheberrechtlich geschützten Materialien verwendet werden (⇨ Creative Commons, ⇨ Public Domain).
- Als Erweiterung der Unterrichtsidee kann die Lerngruppe auch die Parallelklasse oder jüngere Schüler in die Ausstellung einladen und ihnen dort eine Führung geben.

Analoge Alternative

Der Lehrer wählt im Vorfeld Bilder aus, die er den Schülern als Kopie zur Verfügung stellt. Die Schüler wählen wiederum aus den Kopien passende Bilder aus, notieren handschriftlich Bildunterschriften und hängen die ausgewählten Bilder im Klassenzimmer oder auf Stellwänden im Flur der Schule aus.

Materialhinweise und Beispiele

- Online-Sammlungen mit Bildern unter freier Lizenz als ⇨ Public Domain oder ⇨ Creative Commons u. a.:
  - Europeana 1914–1918:
    https://www.europeana.eu/portal/de | 1 |
  - Flickr Commons:
    https://www.flickr.com/commons | 2 |
  - Wikimedia Commons®:
    https://commons.wikimedia.org/wiki/Main_Page | 3 |
- Imperial War Museums – Putting Art on the Map 1914–1918:
  https://www.google.com/culturalinstitute/beta/exhibit/gQdyIzJm?hl=de | 4 |
- Mit den Augen der Humanisten – Renaissance und Reformation:
  https://www.google.com/culturalinstitute/beta/exhibit/HQLSxGuJH9sHLQ?hl=de | 5 |

1

2

3

4

5

3–4 Unterrichtsstunden

 Projekt

 Geschichte medienspezifisch darstellen

Beschreibung

Die Schüler nutzen ihre Smartphones, um kurze Geschichtsdokumentationen zu einem historischen Thema zu erstellen.

Benötigte Materialien und technische Voraussetzungen

- mindestens eine Kamera oder ein Smartphone pro Kleingruppe
- Computer mit Internetzugang und vorinstalliertem Videobearbeitungsprogramm, z. B. Camtasia®
  (*https://www.techsmith.de/camtasia*), zum Bearbeiten der Filme pro Kleingruppe
- Alternativ können die Filme mithilfe einer App, z. B. iMovie® für iOS® oder VivaVideo für Android®,
  auch direkt auf dem Smartphone geschnitten und bearbeitet werden.

Ablauf und Methode an einem konkreten Beispiel

- Setting: Römische Geschichte im Schulort
- Die Schüler arbeiten in einem internationalen Projekt (siehe hierzu auch „2.4 Internationale Online-Projekte durchführen", S. 38) mit, an dem sich auch Partnerschulen in England und Spanien beteiligen. Die gemeinsame Kommunikationssprache ist Englisch. Ein Teilprojekt widmet sich der römischen Geschichte. Aufgabe ist es, den Partnerklassen die römische Geschichte der eigenen Stadt bzw. des Schulorts vorzustellen.
- Die Schüler diskutieren zunächst über mögliche Darstellungsformen (Texte, PowerPoint®-Präsentation, Videos usw.) und entscheiden sich dann mehrheitlich für eine gemeinsame Darstellungsform für alle Gruppen (in diesem Fall kurze Geschichtsdokumentationen).
- Die Schüler informieren sich zunächst über die römische Geschichte ihres Schulorts (siehe hierzu auch „3.1 Online recherchieren und Zuverlässigkeit von Internetseiten prüfen", S. 40) und recherchieren, wo sich noch heute Spuren römischer Geschichte im Stadtbild finden lassen.
- Die Schüler bilden Kleingruppen. Jede Kleingruppe übernimmt – je nach Interesse – ein Thema (z. B. Essen / Trinken, Armee, Alltagsleben usw.) oder einen historischen Ort der Stadt, wo sich noch heute Überreste der Römer befinden.
- Bevor die Kleingruppen mit der eigentlichen Videoarbeit starten, sollten mit den Schülern Kriterien erarbeitet werden, die eine gute Geschichtsdokumentation ausmachen. Hierzu zählen u. a.: eine verständliche Sprache, kurze Sätze, angemessenes Sprechtempo, Erklärung von Fachbegriffen, historische Korrektheit, Herkunftsnachweis bei Zitaten bzw. bei Verwendung von Materialien, die nicht von den Schülern selbst erstellt wurden, Titelbild und Abspann.
- Die Kleingruppen verfassen zunächst auf Grundlage ihrer Recherchen einen Text, der alle wichtigen Informationen zu dem Teilthema der Gruppe enthält.
- In einem nächsten Schritt überlegen die Schüler, wie sie diesen Text „bebildern" können. Sie suchen geeignetes Video- und Bildmaterial im Internet oder machen selbst Fotos.
- Anschließend setzen sie den Text und das Bild- / Videomaterial in einem ⇨ Storyboard zueinander in Beziehung und planen damit Ablauf und Gestaltung ihrer Dokumentation.
- Nun kann das Video produziert werden: Die Schüler sprechen die Texte ein, laden die Bild-, Audio- und Videodateien hoch und stellen ihre Dokumentation mithilfe eines Videobearbeitungsprogramms wie im Storyboard geplant zusammen.

Daniel Bernsen: 33 Ideen Digitale Medien Geschichte
© Auer Verlag

- Die Kleingruppen sehen sich die Videos ihrer Mitschüler an, prüfen diese und geben sich gegenseitig Rückmeldung. Fehler und Ungenauigkeiten können dann noch kurzfristig korrigiert werden.
- Die fertigen Dokumentationen werden schließlich den Partnerschulen geschickt bzw. zur Verfügung gestellt. Aufgrund der Größe empfiehlt sich hier die Verwendung eines Filehostingservice, z. B. WeTransfer® (*https://wetransfer.com*) oder einer Dropbox® (*https://www.dropbox.com*).

Mögliche Fallstricke und Tipps

- Statt der eigenständigen Erarbeitung kann auch ein Stadtrundgang mit dem Lehrer oder einem offiziellen Stadtführer in das Projekt einführen.
- Je nach Vorkenntnissen der Schüler und Thema empfiehlt es sich, dass der Lehrer vorab Materialien für die Recherche, auch Spezialliteratur zur lokalen Geschichte (z. B. aus der Stadtbücherei), auswählt und bereitstellt. Es sollte auf jeden Fall im Vorfeld geprüft werden, ob die Schüler ohne zur Verfügung gestellte Materialien im Internet ausreichend Informationen finden können, die für die Schüler altersgemäß verständlich aufbereitet sind.
- Kennt sich der Lehrer selbst mit der Videotechnik nur wenig aus, so findet sich meist in jeder Klasse mindestens ein Schüler, der schon des Öfteren mit Videobearbeitungsprogrammen gearbeitet hat. Dieser Schüler kann als Berater fungieren und den Gruppen bei Fragen oder Problemen helfen. Finden sich mehrere Schüler, können diese jeweils gemeinsam mit weniger erfahrenen Schülern Gruppen bilden. Sie zeigen ihren Mitschülern, wie man Videos bearbeitet und helfen bei Problemen (⇨ Peer-Learning).
- Die Schüler können auch die ihnen bekannten Programme zur Videobearbeitung einbringen. Dies sollte jedoch vorab geklärt werden, damit die Programme auf den schulischen Rechnern installiert werden können.
- Treten die Schüler in den Videos selbst auf (z. B. in historischen Rollen, als Nachrichtensprecher oder Moderator), sollte auf jeden Fall die schriftliche Zustimmung der Eltern eingeholt werden. Grundsätzlich empfiehlt es sich, die Eltern mit einer kurzen Mitteilung über das Projekt zu informieren, auch wenn die Schüler am Ende nicht im Video zu sehen sind.

Analoge Alternative

Die Schüler gestalten eine kleine Zeitung oder Lernplakate, in der bzw. auf denen sie ihre Ergebnisse vorstellen.

Beispiele und Infoseiten

- Projekt Doku- und Trickfilme erstellen:
https://geschichtsunterricht.wordpress.com/2015/10/05/projekt-doku-und-trickfilme-erstellen/
- Eine sehr einfach und intuitiv zu bedienende Anwendung zur Erstellung von Geschichtsvideos bietet historixx (*http://historixx.de*). Hier finden sich auch zahlreiche Beispiele und Tipps. Insbesondere zur Zeitgeschichte bietet historixx umfangreiches Videoquellenmaterial. Für die eigenen Filme können sowohl Fotos als auch Videos hochgeladen werden.

Daniel Bernsen: 33 Ideen Digitale Medien Geschichte
© Auer Verlag

1

2

 20–30 Minuten

 Ergebnissicherung / Wiederholung

 Bedeutsamkeit historischer Personen, Ereignisse und Entwicklungen erkennen und begründen

Beschreibung

Am Ende einer Unterrichtsreihe wählen die Schüler in Kleingruppen Jahreszahlen bzw. Ereignisse aus, die ihnen so relevant erscheinen, dass sie diese als Grundwissen festlegen wollen. Die Schüler tragen ihre Jahreszahlen und Ereignisse in das gemeinsame ⇨ Etherpad der Klasse ein.

Schätzen die Schüler die historische Bedeutung der notierten Ereignisse unterschiedlich ein, können sie entweder im Klassenzimmer oder über die Chat-Funktion des Etherpads über die Auswahl diskutieren.

Benötigte Materialien und technische Voraussetzungen

- Computer oder Tablet mit Internetzugang pro Kleingruppe
- zuvor eingerichtetes ⇨ Etherpad (kostenlose und werbefreie Angebote z. B. unter *https://zumpad. zum.de* oder *https://medienpad.de*)

Ablauf und Methode an einem konkreten Beispiel

- Setting: Abschlussstunde der Unterrichtsreihe zur Weimarer Republik
- Vorbereitung: Der Lehrer erstellt ein neues Pad mit der Überschrift „Weimarer Republik", kopiert den Link und stellt den Schülern den Link bereit (z. B. per E-Mail verschicken, Verlinkung in einer ⇨ Lernplattform, Tafelanschrieb).
- Der Lehrer fordert die Schüler auf, zehn Jahreszahlen bzw. Ereignisse der Weimarer Republik auszuwählen, die sie in Bezug auf die historische Bedeutung als so wichtig erachten, dass sie diese als Grundwissen definieren und langfristig lernen wollen.
- Die Schüler bilden Kleingruppen. Jede Kleingruppe arbeitet an einem Computer oder Tablet. Die Schüler diskutieren in der Gruppe, welche Jahreszahlen bzw. Ereignisse sie auswählen, und tragen diese in das gemeinsame ⇨ Etherpad der Klasse ein.
- Durch die Begrenzung auf insgesamt zehn Jahreszahlen bzw. Ereignisse (je nach Lerngruppe und Umfang der Unterrichtsreihe) müssen sich die Kleingruppen darüber austauschen, welche Jahreszahlen bzw. Ereignisse die bedeutendsten sind. Somit ist eine Diskussion zwischen den Kleingruppen über die Auswahl notwendig. Die Schüler können entweder im Klassenzimmer oder über die Chat-Funktion des Etherpads (sinnvoll vor allem, wenn die Aufgabe als Hausaufgabe und in Einzelarbeit erledigt wird) diskutieren.
- Haben sich die Kleingruppen auf zehn Jahreszahlen bzw. Ereignisse verständigt, prüft der Lehrer die Liste und korrigiert ggf. noch vorhandene Sach- und Tippfehler.
- Die fertige Liste kann nun ausgedruckt und den Schülern als Kopie ausgegeben werden, z. B. zur Vorbereitung auf einen Test.

Daniel Bernsen: 33 Ideen Digitale Medien Geschichte
© Auer Verlag

Mögliche Fallstricke und Tipps

- Arbeiten die Schüler zum ersten Mal mit einem ⇨ Etherpad, sollte mehr Zeit eingeplant werden, da die Schüler in der Regel zunächst die Funktionen ausprobieren. Einzelne Schüler werden bei erstmaligem Gebrauch auch dazu tendieren, mehr oder weniger lustige Kommentare in das Etherpad zu schreiben oder die Eintragungen von Mitschülern zu löschen. Ist der erste Spaß vorbei, lässt dies schnell nach.
- Es besteht die Möglichkeit, Arbeitsversionen im Etherpad zu speichern. Dies ist vor allem dann eine hilfreiche Funktion, wenn der Lehrer eine Arbeitsumgebung für die Schüler vorbereitet hat. Das Etherpad lässt sich immer auf den vorherigen Stand des letzten Speicherns zurücksetzen. Diese Funktion sollte auch den Schülern gezeigt werden, damit sie ihre Zwischenergebnisse regelmäßig sichern können.

Analoge Alternative

Die Unterrichtsidee lässt sich auch analog umsetzen – mit der Methode Think-Pair-Share: Die Schüler notieren zunächst in Einzelarbeit zehn Jahreszahlen bzw. Ereignisse, die sie für historisch bedeutsam erachten. Dann vergleichen sie ihre Ergebnisse mit ihrem Nachbarn. Anschließend erstellen die Schüler entweder in Vierergruppen jeweils auf einer Folie oder gemeinsam im Plenum direkt an der Tafel eine gemeinsame Übersicht der aus ihrer Sicht wichtigsten Jahreszahlen bzw. Ereignisse.

Infoseiten

- Christoph Pallaske: „Kollaboratives Schreiben". In: Daniel Bernsen / Ulf Kerber (Hg.): Praxishandbuch Historisches Lernen und Medienbildung im digitalen Zeitalter, Opladen / Berlin / Toronto 2017, S. 304–312.

45–60 Minuten oder unterrichtsbegleitend

 Ergebnissicherung oder Projekt

 Bedeutsamkeit historischer Personen, Ereignisse und Entwicklungen erkennen und begründen

Beschreibung

Die Schüler legen gemeinsam ein Lexikon an, in das sie am Ende einer Unterrichtsreihe oder parallel zum Unterricht, z. B. als Hausaufgabe nach einer Stunde oder am Ende einer Woche, zentrale Fachbegriffe eintragen. Bei einer unterrichtsbegleitenden Vorgehensweise sollten im Wechsel jeweils zwei oder drei Schüler die Verantwortung für die Fortführung des Lexikons übernehmen.

Werden die Fachbegriffe einmalig am Ende einer Unterrichtseinheit zusammengestellt, genügt es in der Regel, ein ⇨ Etherpad anzulegen (siehe hierzu auch „2.1 Ereignisse sammeln, auswählen und lernen", S. 32). Sollen die Begriffe über einen längeren Zeitraum unterrichtsbegleitend gesammelt werden, ist es sinnvoller, ein ⇨ Wiki anzulegen (Hinweise hierzu finden sich unter „Mögliche Fallstricke und Tipps").

Benötigte Materialien und technische Voraussetzungen

- Computer oder Tablet mit Internetzugang pro Schülerpaar oder Kleingruppe
- zuvor eingerichtetes ⇨ Etherpad (kostenlose und werbefreie Angebote z. B. unter *https://zumpad. zum.de* oder *https://medienpad.de*) oder ⇨ Wiki (sehr einfach ist z. B. die Einrichtung und Arbeit mit einem Wiki der ZUM, unter *https://www.zum.de/portal/wikis*).
  Die ZUM-Wikis basieren auf dem MediaWiki®, dessen Formatvorgaben den meisten von der Wikipedia® bekannt sind.

Ablauf und Methode an einem konkreten Beispiel

- Setting: Ende der Unterrichtsreihe über das Mittelalter
- Vorbereitung: Der Lehrer erstellt ein neues Pad mit der Überschrift „Klassenlexikon Mittelalter", kopiert den Link und stellt den Schülern den Link bereit (z. B. per E-Mail verschicken, Verlinkung in einer ⇨ Lernplattform, Tafelanschrieb).
- Die Schüler sammeln am Ende der Unterrichtsreihe alle zentralen Begriffe zu dem Thema Mittelalter (z. B. Kaiser, Lehnswesen, Reisekönigtum). Die Begriffe werden alphabetisch sortiert und in das vorbereitete ⇨ Etherpad der Klasse eingetragen.
- Die Schüler gehen paarweise oder zu dritt zusammen. Jedes Schülerpaar bzw. jede Kleingruppe arbeitet an einem Computer oder Tablet. Die Schüler schreiben ihren Namen jeweils hinter den Begriff, den sie bearbeiten möchten. Das ist der Hinweis an die Mitschüler, dass der Begriff bereits bearbeitet wird.
- Die Paare bzw. Gruppen formulieren jeweils einen Text, der den Begriff erklärt und in einen Kontext setzt (wie er im Unterricht besprochen wurde), und prüfen, ob sie mit Pfeilen Verweise auf andere Begriffe im Lexikon setzen können, die dann an dieser Stelle nicht ein weiteres Mal erklärt werden müssen. Die Pfeile verbinden die Begriffe des Lexikons zu einem Netzwerk.
- Hat ein Paar bzw. eine Gruppe ein Lemma fertig bearbeitet, kennzeichnen die Schüler den Begriff mit einem zuvor vereinbarten Zeichen (z. B. ein * vor der Überschrift). Die Schüler wählen einen weiteren Begriff aus, den sie bearbeiten.

Daniel Bernsen: 33 Ideen Digitale Medien Geschichte
© Auer Verlag

- Sind alle zu Beginn der Stunde gesammelten Begriffe bearbeitet, liest jedes Schülerpaar bzw. jede Kleingruppe mindestens zwei Begriffsdefinitionen, die von den Mitschülern verfasst wurden, und ergänzt oder korrigiert diese, sofern nötig. Falls es Unklarheiten gibt, können sie auch Rücksprache mit den Verfassern der Definition halten. Ist die Kontrolle eines Beitrags erfolgt, wird das zuvor vereinbarte Zeichen wieder entfernt.

Mögliche Fallstricke und Tipps

- In einem ⇨ Wiki werden statt der Pfeile (siehe „Ablauf und Methode an einem konkreten Beispiel") echte Links zu den anderen Begriffsdefinitionen gesetzt.
- Für Lexika, die langfristig angelegt sind und mehr als 20 Einträge umfassen, sollte auf jeden Fall ein Wiki angelegt werden, da ein einzelnes ⇨ Etherpad hier schnell unübersichtlich wird.
- Mit einem Wiki zu arbeiten und insbesondere das Erlernen der notwendigen Syntax zum Editieren der Einträge lohnt sich nur, wenn auch längerfristig mit Wikis gearbeitet werden soll.
- Gegebenenfalls bringen einzelne Schüler bereits Kenntnisse der Wiki-Syntax vom Editieren der Wikipedia® mit. Sie können als Experten fungieren und ihre Mitschüler bei Fragen unterstützen. Vielleicht können sie sogar im Vorfeld einen kleinen Workshop für ihre Mitschüler gestalten, sodass alle Schüler einen ersten Überblick über die Möglichkeiten innerhalb eines Wikis haben.

Analoge Alternative

Die zentralen Begriffe eines Themas werden an der Tafel gesammelt und von den Schülern in ihr Geschichtsheft abgeschrieben. Alternativ bietet sich auch die Arbeit mit einer Wandzeitung an oder einem Zeitfries, das dauerhaft im Klassenzimmer hängt und im Laufe des Unterrichts ergänzt werden kann.

Beispiele und Infoseiten

- Facetten des Mittelalters (Schüler-Wiki):
  http://lzr.zum.de/wiki/Facetten_des_Mittelalters   `1`
- ZUM Karikaturen-Wiki:
  http://karikaturen.zum.de/wiki/Hauptseite   `2`
- Geo & Ges Wiki:
  http://geoges.ph-karlsruhe.de/mhwiki/index.php5/Wiki   `3`
- Wikis im Geschichtsunterricht:
  https://www.lehrer-online.de/unterricht/sekundarstufen/geisteswissenschaften/ `4`
  geschichte/artikel/fa/wikis-im-geschichtsunterricht/
- Wikis im Geschichtsunterricht der Sekundarstufe II:
  http://buch.wikiway.ch/kapitel-08/   `5`

`1` `2` `3` `4` `5`

10–15 Minuten

 Einstieg, Erarbeitung oder Vertiefung

 Bedeutsamkeit historischer Personen, Ereignisse und Entwicklungen erkennen und begründen

Beschreibung

Historische Ereignisse und Entwicklungen haben in verschiedenen Sprachen oft Entsprechungen, die eine wörtliche Übersetzung sind (so z. B. bei „Kalter Krieg" oder „Wiedervereinigung"). Hin und wieder gibt es auch Übernahmen aus dem Deutschen in andere Sprachen, oft bei Begriffen, die im Deutschen fachlich als problematisch angesehen oder mittlerweile ganz vermieden werden (z. B. bei „Wende", „Machtergreifung", „Reichskristallnacht" oder „Kriegsschuldfrage"). Unterschiedliche Begriffe für ein Ereignis bzw. eine Entwicklung sind seltener. Gerade aber diese unterschiedlichen Begriffe sind für den Geschichtsunterricht interessant, weil sie unterschiedliche Perspektiven auf ein Ereignis bzw. eine Entwicklung widerspiegeln können und damit unter diesem Aspekt im Unterricht vergleichend untersucht werden können. Das fördert zum einen die Sensibilität der Schüler für die Wahrnehmung sprachlicher Nuancen und unterschiedlicher Perspektiven und erhöht zum anderen ihre Ausdrucksfähigkeit im Deutschen – und das vor allem in Fällen, bei denen die Fachbegriffe voneinander abweichen – wie auch ihre Kommunikationsfähigkeit über Geschichte in der Fremdsprache.

Benötigte Materialien und technische Voraussetzungen

- Computer, Tablet oder Smartphone mit Internetzugang für die Vorbereitung und ggf. auch für das Nachschlagen von Wörtern während des Unterrichts
- ggf. (Online-)Wörterbücher, z. B. Leo (*https://www.leo.org*), um die wörtliche Bedeutung eines fremdsprachlichen Begriffs nachschlagen zu können

Ablauf und Methode an einem konkreten Beispiel

- Setting: Hitlerputsch 1923
- Als Einstieg schreibt der Lehrer den Begriff „Hitlerputsch" an die Tafel. Die Schüler sammeln in einem Blitzlicht, was sie bereits dazu wissen.
- Anschließend schreibt der Lehrer den gängigen englischen Begriff für dieses Ereignis an die Tafel: „Beerhall Putsch". Zur Verständnissicherung wird der Begriff für alle übersetzt und die Schüler tauschen sich darüber aus, welche unterschiedlichen Assoziationen die beiden Begriffe bei ihnen wecken.
- Im Folgenden werden Auslöser, Ablauf und Folgen des Putschversuchs erarbeitet.
- Abschließend zeigt der Lehrer noch einmal die beiden Begriffe. Die Schüler diskutieren, welche Perspektiven mit der unterschiedlichen Benennung verbunden werden, und begründen, welcher der beiden Begriffe ihrer Meinung nach das Ereignis besser erfasst.
- Zu den Perspektiven: Im Deutschen führt der Verweis auf Hitler dazu, dass man das Ereignis direkt mit den nachfolgenden Schrecken in Verbindung bringt. Dadurch erhält das Ereignis eine Dimension, die es 1923 nicht hatte. Der englische Begriff des „Bierhallen"-Putsches verweist hingegen vielmehr auf die äußeren Umstände sowie implizit auf die Unzulänglichkeit der Unternehmung.

Daniel Bernsen: 33 Ideen Digitale Medien Geschichte
© Auer Verlag

Mögliche Fallstricke und Tipps

- Tipp zur Suche: Ruft man einen Artikel der Wikipedia® auf, kann man jeweils auf denselben Artikel in weiteren Sprachversionen der Wikipedia® zugreifen. Es handelt sich dabei in der Regel nicht um Übersetzungen, sondern um eigenständige Artikel, da die Sprachversionen der Wikipedia® jeweils unabhängige Lexika darstellen. Dieses Angebot findet sich auf der Webseite links unten, unter „in einer anderen Sprache". In der App ist diese Funktion rechts oben, hinter den drei Punkten, unter „Sprache ändern".
- Es können auch weitere Sprachversionen der Wikipedia® genutzt werden. Schüler, die andere Fremdsprachen beherrschen, können den Begriff in dieser Sprache nachschlagen und dessen Bedeutung ihren Mitschülern erklären. Das ist eine wichtige Wertschätzung auch außerschulisch erworbener Kompetenzen, die in der Schule selten gefragt sind, aber wie in diesem Fall eine Bereicherung der Lernsituation sein können.
- Die Schüler können auch parallel zu einer Unterrichtseinheit ein mehrsprachiges Lexikon der Fachbegriffe erarbeiten. Wird für ein im Unterricht behandeltes Ereignis bzw. für eine Entwicklung in den gewählten Fremdsprachen ein anderer Begriff verwendet, kann dies in der Klasse thematisiert und diskutiert werden. Gerade in der Oberstufe kann dies sinnvoll sein und erhöht nebenbei zugleich die Ausdrucksfähigkeit der Schüler in den Fremdsprachen, wo immer wieder auch historische Themen bearbeitet werden.
- Mit jüngeren Schülern kann die Erarbeitung unterschiedlicher Perspektiven, die in den Begriffen stecken, noch schwierig sein. Hier kann ggf. mit unterstützenden Bildimpulsen gearbeitet werden (z. B. „Hitlerputsch": Bild von Adolf Hitler und Bild einer bayerischen „Bierhalle" oder eines Bierzelts, zu denen zunächst Assoziationen gesammelt werden, um anschließend die Begriffe zu kontrastieren).

Analoge Alternative

Die Unterrichtsidee funktioniert weitgehend analog, nur das Nachschlagen der fachlichen Begrifflichkeiten der Wikipedia® erfolgt digital. Dies vereinfacht aber den Vergleich zwischen den Sprachen enorm, der bislang – mit Ausnahme des bilingualen Fachunterrichts – selten im normalen Geschichtsunterricht einen Platz findet. Alternativ wären fremdsprachige Schulbücher oder Fachwörterbücher notwendig bzw. wird das Wissen von Lehrern oder Schülern vorausgesetzt, um die Unterschiede ansprechen und für den Unterricht nutzbar machen zu können.

Beispiele

Deutsch	Englisch	Französisch
Hitlerputsch	Beerhall Putsch	Putsch de la Brasserie
Völkerwanderung	Migration Period	Invasions Barbares
Deutsch-französischer Krieg	Franco-Prussian War	Guerre franco-prussienne
Aufklärung	Age of Enlightenment	Siècle des Lumières
Wettlauf um Afrika	Scramble for Africa	Partage de l' Afrique

 je nach Ansatz 45 Minuten bis zu mehrwöchiger Projektarbeit

 Projekt

 Bedeutsamkeit historischer Personen, Ereignisse und Entwicklungen erkennen und begründen

Beschreibung

Die Schüler arbeiten mit einer Partnerklasse in einem anderen Land oder mehreren Partnerklassen in verschiedenen Ländern an dem gleichen historischen Thema. Sie diskutieren relevante Fragen, tauschen Arbeitsergebnisse aus und entdecken ähnliche oder unterschiedliche Perspektiven. Die Themen sind dabei frei wählbar. Wichtig ist, dass das Thema für alle Partnerklassen eine gewisse Relevanz besitzt.

Insbesondere für die unteren Jahrgangsstufen bieten sich historische Themen an, die einen lokalen oder regionalen Bezug aufweisen, z. B. Kultur der Kelten, Römische Geschichte (Zusammenarbeit vor allem mit französischen und / oder spanischen Schulen) oder Leben im Mittelalter (Zusammenarbeit vor allem mit belgischen, polnischen und / oder italienischen Schulen). Die lokalen bzw. regionalen Unterschiede können dann vergleichend betrachtet werden.

Benötigte Materialien und technische Voraussetzungen

- Computer oder Tablet mit Internetzugang pro Kleingruppe
- je nach Projektdurchführung z. B. Webcam, USB-Mikrofon, Headset, Anwendungen wie ein Videochat, z. B. Skype® (*https://www.skype.com/de/*), eine geschlossene Lernplattform, z. B. eTwinning (*https://www.etwinning.net*), oder ein System zum Dateiaustausch, z. B. Dropbox® (*https://www.dropbox.com*)

Ablauf und Methode an einem konkreten Beispiel

- Setting: Meine Stadt – deine Stadt. Unsere Geschichte.
- Vorbereitung: Der Lehrer sucht eine geeignete Partnerklasse (z. B. über die Plattform eTwinning) und plant das Projekt gemeinsam mit der Lehrkraft der Partnerklasse. Sie legen Inhalte, Methoden und die Zeitplanung fest.
- Eisbrecher-Aktivität: In der Auftaktstunde lernen sich die Klassen über einen kurzen Videochat kennen. Sie stellen sich, ihre Schule und ihren Schulort kurz vor.
- Recherche: Die Klassen informieren sich über die Geschichte ihres jeweiligen Schulorts (Welche Geschichte hat meine Stadt? Welche Geschichtsspuren gibt es hier?). Sie sammeln Informationen und Materialien.
- Erarbeitung: Die Schüler bilden innerhalb ihrer Klasse Kleingruppen. Jede Kleingruppe wählt einen Aspekt des Themas aus (Stadtentwicklung, Gebäude, Kirchen / Religion, Wirtschaft / Arbeit usw.) und bereitet diesen in Form eines kurzen Videos für die Partnerklasse auf (siehe hierzu auch „1.12 Eine Geschichtsdokumentation drehen", S. 30).
- Austausch der Materialien: Die Partnerklassen tauschen ihre Arbeitsergebnisse aus. Die Videos der Partnerklasse werden gemeinsam in der Klasse angeschaut.
- Vergleich: Es werden gemischte Kleingruppen mit Schülern aus beiden Partnerklassen gebildet. Die Kleingruppen erarbeiten jeweils zu einem Aspekt die Gemeinsamkeiten und Unterschiede (über E-Mail, Chat und die Dateiablage der Plattform).
- Präsentation: Die Schüler präsentieren die Ergebnisse des Vergleichs in ihrer Klasse.

Daniel Bernsen: 33 Ideen Digitale Medien Geschichte
© Auer Verlag

Mögliche Fallstricke und Tipps

- Die Eltern der Schüler sollten auf jeden Fall im Vorfeld über das Projekt (Planung und Durchführung) informiert werden, z. B. in Form eines Elternbriefs oder eines Elternabends.
- Es kann immer passieren, dass bei einer gemeinsam geplanten Online-Aktivität die Technik bei einem der Partner nicht funktioniert. Für diesen Fall sollten die Lehrer einen zweiten Kommunikationskanal vereinbaren, z. B. Austauschen der Telefonnummern, sodass man den anderen ggf. kurz informieren kann. Da technische Probleme oft nicht auf die Schnelle gelöst werden können, empfiehlt es sich, eine mögliche Alternative für diese Unterrichtsstunde zu planen.
- Das Problem der unterschiedlichen Ferientermine, Klassenarbeitsphasen oder der zur Verfügung stehenden Wochenstunden im Fach Geschichte lässt sich nur über gemeinsame Absprachen – sowohl mit den Kollegen der eigenen Schule als auch dem Lehrer der Partnerklasse – und eine langfristige Planung in den Griff bekommen. So kann das Projekt z. B. auch über einen längeren Zeitraum mit jeweils nur einer Stunde alle zwei Wochen geplant werden. Ebenso bietet sich eine Kooperation mit einem anderen Fach, z. B. Englisch, an. Für gemeinsame Online-Aktivitäten mit der Partnerklasse (z. B. Videochat) können ggf. auch Stunden getauscht werden.
- In der Regel ist bei einem internationalen Online-Projekt die gemeinsame Kommunikationssprache Englisch. Die Fremdsprache darf im normalen Geschichtsunterricht jedoch nicht Teil der Notengebung sein. Daher sollte im Vorfeld mit den Schülern gemeinsam besprochen werden, wie dies gehandhabt wird.
- Der Bezug zur Lokalgeschichte bietet den Vorteil, dass hier auch mit selbst gemachten Fotos und einfachen Beschreibungen gearbeitet werden kann. In den höheren Jahrgangsstufen und vor allem in der Oberstufe können auch Texte oder Filme Grundlage der Arbeit sein. Hier sind dann aber aufgrund der höheren Komplexität sehr gute Sprachkenntnisse notwendig.

Analoge Alternative

Im prä-digitalen Zeitalter konnten Projekte dieser Art nur per Telefon organisiert werden, die Arbeitsergebnisse mussten per Brief oder Paket an die Partnerklasse geschickt werden. Dies war kostenintensiv und die Koordination gestaltete sich schwierig. Verzögerungen durch den Postversand waren nicht selten. Der Kontakt zu den Partnerklassen ließ sich oft nur schwer aufrechterhalten.

Infoseiten

- Tips for creating a successful (history) project with eTwinning:
  https://prezi.com/lljyxybynuim/tips-for-creating-a-successful-history-project-with-etwinning/

  1
- Daniel Bernsen: „Translokale und internationale Geschichtsprojekte". In: Ders. / Ulf Kerber (Hg.): Praxishandbuch Historisches Lernen und Medienbildung im digitalen Zeitalter. Opladen / Berlin / Toronto 2017, S. 363–372.

1

20–30 Minuten

 Erarbeitung

 Quellen und Darstellungen suchen und ihre Zuverlässigkeit prüfen

Beschreibung

Aufgaben zur Recherche finden sich mittlerweile bereits in den Schulgeschichtsbüchern des Anfangsunterrichts. Das Recherchieren von Informationen, aber auch von Quellen und Darstellungen gehört vermutlich zu der am häufigsten genutzten Anwendung von digitalen Medien im Geschichtsunterricht.

Während es in prä-digitalen Zeiten eine Herausforderung darstellte, Informationen zu finden, hat sich der Fokus etwas verschoben: Das Suchen ist vergleichsweise einfach, eine Herausforderung stellt jedoch die Sichtung, Strukturierung und vor allem auch die Bewertung der Zuverlässigkeit der großen Menge an gefundenen Informationsseiten im Netz dar. Ein Verfahren, wie Schüler zur qualitativen Bewertung eines Internetangebots zur Geschichte kommen können, wird hier vorgestellt.

Benötigte Materialien und technische Voraussetzungen

- Computer oder Tablet mit Internetzugang pro Schüler / Schülerpaar / Kleingruppe (je nach gewählter Sozialform)

Ablauf und Methode an einem konkreten Beispiel

- Die Schüler recherchieren im Internet zu einem historischen Thema. Die gefundenen Seiten werden zunächst nach äußeren (formalen) Kriterien bewertet.

Äußere Kriterien	Bewertung
Wer ist der Anbieter der Seite?	
Gibt es ein Impressum?	
Wer ist der Autor?	
Wie aktuell ist die Seite?	
Gibt es Quellen- und Literaturnachweise?	

- Fällt diese Prüfung positiv aus, folgt eine innere (inhaltliche) Prüfung.

Innere Kriterien	Bewertung
Bietet die Seite Informationen, die zu dem in Widerspruch stehen, was ich bereits weiß?	
Wurden zentrale Informationen weggelassen?	
Weist der Text viele (nicht belegte) Vermutungen auf?	
Lässt die Sprache erkennen, dass hier jemand versucht, einseitig Werbung zu machen oder nur eine Meinung zu präsentieren?	

Daniel Bernsen: 33 Ideen Digitale Medien Geschichte
© Auer Verlag

- Die Schüler beurteilen auf Grundlage der Prüfung, ob es sich um eine (vermutlich) zuverlässige und für den Unterricht nutzbare Seite handelt oder nicht, und begründen ihr Urteil.

Mögliche Fallstricke und Tipps

- Für eine erste Einschätzung der Qualität eines Wikipedia®-Artikels ist Wikibu (*http://wikibu.ch/*) sehr hilfreich. Es wird allerdings nur eine quantitative Analyse durchgeführt. Eine qualitative Prüfung der Beitragsinhalte bleibt weiterhin den Nutzern überlassen. Darüber hinaus bietet Wikibu mehrere Unterrichtsmodelle an, die helfen, den Aufbau und die Funktionsweise der Wikipedia® zu verstehen.
- Bevor die inneren Kriterien geprüft werden, sollten sich die Schüler ihr Vorwissen beispielsweise in Form einer Mindmap bewusst machen. Diese dient dann als Folie zur ersten bewertenden Einschätzung der Seite. Falls die Schüler noch kein Vorwissen haben, sollten sie vor der Recherche zunächst die entsprechende Seite im Schulbuch oder einen altersgerechten Lexikonartikel lesen. Zur inhaltlichen Bewertung eines Internetangebots ist immer Kontextwissen notwendig.
- Die Prüfung muss nicht immer schriftlich erfolgen. Sie sollte allerdings vor allem bei Schülern der unteren Jahrgangsstufen explizit gemacht und an Beispielen gemeinsam eingeübt werden. Die Ergebnisse sollten jeweils im Plenum diskutiert werden. Das Verfahren sollte immer wieder eingefordert werden, sodass es durch ständige Wiederholung im Laufe der Zeit zunehmend „automatisiert" abläuft.

Analoge Alternative

Die Methode ist orientiert an dem Verfahren der Quellenkritik aus der Geschichtswissenschaft. Es ist also eine grundlegende Arbeitsweise des Faches Geschichte. Insofern ist es naheliegend, dass es sich der Geschichtsunterricht innerhalb des schulischen Fächerkanons zur Aufgabe macht, diese über das Fach hinausgehenden, im höchsten Maße relevanten Kenntnisse und Fähigkeiten zu vermitteln und so zur Förderung von Medienkompetenz und Medienbildung bei Schülern beizutragen.

Infoseiten

- Daniel Bernsen: „Online recherchieren". In: Ders. / Ulf Kerber: Praxishandbuch Historisches Lernen und Medienbildung im digitalen Zeitalter, Opladen / Berlin / Toronto 2017, S. 313–319.
- Daniel Bernsen / Christoph Pallaske: „Im Internet und in Bibliotheken recherchieren". In: Michael Sauer (Hg.): Spurensucher. Ein Praxisbuch für historische Projektarbeit, Hamburg 2014, S. 55–90.

15 Minuten

 Ergebnissicherung

 Quellen und Darstellungen suchen und ihre Zuverlässigkeit prüfen

Beschreibung

Die Bewertung von Geschichtsdarstellungen, insbesondere von Online-Angeboten, gehört zu den großen Herausforderungen und zugleich zum Kerngeschäft des Geschichtsunterrichts, da es hierbei darum geht, den Schülern eine ausreichende historische Orientierung zu vermitteln, damit sie (auch im Alltag) seriöse von weniger seriösen, sachliche von verfälschenden oder extremistischen, für ihre Fragestellung hilfreiche von weniger hilfreichen Seiten unterscheiden können. Somit sollte die Bewertung von Geschichtsdarstellungen fest im Unterricht etabliert sein und regelmäßig geübt und wiederholt werden.

Social Bookmarking-Plattformen erlauben das ⇨ kollaborative Sammeln, Verschlagworten und Bewerten von Webseiten bzw. Links. Sie können über einen längeren Zeitraum unterrichtsbegleitend eingesetzt werden, um eine Sammlung von relevanten Webseiten zu den behandelten Themen anzulegen, die dann später – z. B. beim Lernen für das Abitur – genutzt werden können.

Benötigte Materialien und technische Voraussetzungen

- Computer oder Tablet mit Internetzugang pro Kleingruppe
- Programm bzw. App zur gemeinsamen Verwaltung von Links, z. B. diigo (*https://www.diigo.com*) oder ownCloud® (*https://owncloud.org*), mit entweder einem gemeinsamen Zugang oder individuellen Zugängen

Ablauf und Methode an einem konkreten Beispiel

- Setting: Abschluss der Unterrichtsreihe über die Reformation
- Vorbereitung: Der Lehrer legt in der Social Bookmarking-Plattform einen gemeinsamen Zugang bzw. individuelle Zugänge und eine gemeinsame Gruppe für die Klasse an und stellt den Schülern die Zugangsdaten bereit (z. B. per E-Mail verschicken, Tafelanschrieb).
- Die Schüler bilden Kleingruppen. Die Gruppen erhalten den Auftrag, frei nach Webseiten zu dem Thema Reformation für Schüler ihrer Jahrgangsstufe zum Lernen, Lesen und Wiederholen zu suchen. Die Schüler recherchieren Webseiten, prüfen diese jeweils und speichern die gut geeigneten Webangebote in der gemeinsamen Gruppe der Social Bookmarking-Plattform. Zusätzlich verschlagworten sie die abgespeicherten Seiten, sodass sie dauerhaft wiederauffindbar sind.
- Die Gruppen schauen sich jeweils die Links, die ihre Mitschüler gespeichert haben, an, prüfen sie und bewerten sie im Hinblick auf ihre Zuverlässigkeit und Nützlichkeit.

Mögliche Fallstricke und Tipps

- Die Bewertung von Internetseiten sollte vorab im Unterricht thematisiert worden sein (siehe hierzu auch „3.1 Online recherchieren und Zuverlässigkeit von Internetseiten prüfen", S. 40), sodass die Schüler die wesentlichen äußeren und inneren Kriterien zur Bewertung von Webseiten kennen und anwenden können.
- Auch das richtige Verschlagworten von Webseiten sollte vorab thematisiert worden sein. Wird dies regelmäßig geübt, fördert dies die Fähigkeit, Inhalte auf wenige abstrakte Begriffe zu reduzieren,

Daniel Bernsen: 33 Ideen Digitale Medien Geschichte
© Auer Verlag

und damit auch die Recherchekompetenz, da bei der Suche in der Bibliothek oder im Internet gleichfalls gut kombinierte, aussagekräftige Schlagworte benötigt werden.

- Alternativ zu dem vorgestellten Modell können auch wöchentlich wechselnd jeweils zwei Schüler am Ende der Woche drei bis fünf Links zu den Inhalten der Woche sammeln. Die Mitschüler prüfen dann jeweils die Links, bewerten sie und ergänzen oder korrigieren ggf. die Schlagworte.
- Über die einfache Bewertung hinaus können die Links auch kommentiert und damit auch qualitativ bewertet werden. Dies erfordert mehr Zeit sowie ein solides Methoden- und Fachwissen und ist daher eher für die Oberstufe geeignet.
- Plant der Lehrer, das Sammeln, Ordnen und Bewerten von Links nur einmalig einzusetzen, bietet sich als Alternative die Nutzung eines ⇨ Etherpads an. Die Anmeldung bei einer neuen Plattform sowie die Einführung in diese sind aufwendig, sodass nur eine längerfristige Nutzung sinnvoll erscheint.
- Im Sinne einer fachübergreifenden Medienbildung ist das Kennenlernen von Social Bookmarking-Plattformen ein wichtiges Element, das einige Schüler mit Sicherheit aufgrund der Nützlichkeit im Alltag – wenn mit verschiedenen Endgeräten (Computer in der Schule, Laptop zuhause, Smartphone unterwegs) gearbeitet wird – in ihre ⇨ PLE (Persönliche Lernumgebung) integrieren.
- Die gemeinsame Sammlung kann in einer geschlossenen Lernumgebung gespeichert werden und muss nicht öffentlich sein. Die Einstellungsoptionen – auch für den privaten, außerschulischen Gebrauch – sollten gemeinsam mit den Schülern durchgesehen und besprochen werden.

Analoge Alternative

Dieses Vorgehen ist dem gemeinsamen Erstellen einer kommentierten Bibliografie vergleichbar, was auch ein denkbares, aber im Unterricht vermutlich selten praktiziertes Verfahren sein dürfte.

Beispiele

- Lehrer-Gruppe zum Sammeln von relevanten Links für den Geschichtsunterricht: *https://groups.diigo.com/group/geschichtsunterricht*

1

Bedeutung von Social Bookmarking innerhalb einer PLE

1

15–20 Minuten

 Erarbeitung

 Quellen und Darstellungen suchen und ihre Zuverlässigkeit prüfen

Beschreibung

Im Internet finden sich zahlreiche historische Aufnahmen, die massenhaft auf Facebook®, Twitter® und Instagram® „geliked" und geteilt werden. In der Regel fehlen allerdings der Herkunftsnachweis und sämtliche Informationen, die eine Einordnung und Überprüfung der Fotos möglich machen, sodass regelmäßig veränderte Fotos, sogenannte „Hoaxes", weite Verbreitung finden. Auch im Hinblick auf „Fake News", also eigentlich gezielte Falschmeldungen, bei welchen absichtlich ähnliche Verfahren der Veränderung (z. B. Foto aus dem Zusammenhang reißen und dem Bild mit einer neuen Bildunterschrift eine andere Bedeutung geben) angewendet werden, ist es eine wichtige Aufgabe von Schule, Jugendlichen die Fähigkeiten und Fertigkeiten zu vermitteln, sich kritisch mit bildlichen Darstellungen in den Medien auseinanderzusetzen. Der Geschichtsunterricht kann hier, ausgehend von der klassischen Quellenkritik, mit eigenen Methoden und Inhalten zur allgemeinen Medienbildung von Schülern beitragen.

Benötigte Materialien und technische Voraussetzungen

• Computer oder Tablet mit Internetzugang pro Kleingruppe
• Computer und Beamer oder ein ⇨ interaktives Whiteboard
• Voraussetzung sind methodische Kenntnisse der Quellenkritik.

Ablauf und Methode an einem konkreten Beispiel

• Die Klasse wählt aus einem Account, der historische Fotos verbreitet (z. B. History In Pictures, *https://twitter.com/HistoryInPics*), ein Foto aus.
• Die Schüler bilden Kleingruppen. Die Gruppen prüfen die Authentizität des Bildes in fünf Schritten:
  1) Liegt das **Originalbild** vor?
     In der Bildersuche von Google® kann das digitale Bild direkt in das Suchfeld gezogen werden (Bilderrückwärtssuche). Angezeigt werden dann die Treffer zu diesem Bild. Damit ist schnell geprüft, ob es das Bild nur in dieser Version gibt, oder auch in anderen Varianten.
     Ob ein Bild mit einem Bildbearbeitungsprogramm, wie beispielsweise Adobe® Photoshop, bearbeitet wurde, lässt sich mit der Online-Software FotoForensics prüfen: Hier kann entweder das Bild hochgeladen oder die URL des Bildes eingegeben werden. Das Programm führt eine Fehlerstufen-Analyse (ELA – Error Level Analysis) durch, die die Bilder auf unterschiedliche Kompressionsstufen hin untersucht.
  2) **Wer** ist der Fotograf?
     Zeigt die Bildersuche nur eine Version des Fotos, kann über die Links in der Google®-Suche jeweils der Kontext der Veröffentlichung geprüft werden. Geht man mit der Maus auf das Bild (Mouseover), erscheint die Link-Adresse. Wikimedia Commons®, Bilddatenbanken oder Webseiten von Museen oder Archiven haben in der Regel die Metadaten (Fotograf, Entstehungsdatum usw.) zu den Bildern hinterlegt. Somit empfiehlt es sich, vor allem nach diesen Link-Adressen zu suchen. Die Metadaten werden dann mit der Kontextualisierung der ersten Fundstelle abgeglichen.

Daniel Bernsen: 33 Ideen Digitale Medien Geschichte
© Auer Verlag

Ist der Name des Fotografen bekannt, kann dieser für die weitere Recherche genutzt werden – um mehr über die Person und die Umstände, wie dieses Foto entstanden ist, zu erfahren (z. B. Hat die Person zu dem Zeitpunkt, an dem das Foto entstanden ist, schon / noch gelebt? Ist bekannt, ob sich die Person zu diesem Zeitpunkt in dem Ort bzw. Land, in dem das Foto entstanden ist, aufgehalten hat?).

3) **Wo** wurde das Foto aufgenommen?

Der Ort, an dem das Foto aufgenommen wurde, lässt sich durch einen Vergleich mit ähnlichen Bildern (siehe Bilderrückwärtssuche oben), die Hinweise liefern können, überprüfen. In dem Bild möglicherweise vorhandene Textelemente (Sprache, Stil), der Kleidungsstil der abgebildeten Personen oder typische Landschafts- oder Architekturmerkmale erlauben meist eine ungefähre, manchmal auch genaue Verortung der Aufnahme. Somit sollten auch diese Merkmale geprüft werden. Landschaftsmerkmale lassen sich durch digitale Kartenwerkzeuge, wie z. B. Google® Maps und Google® Earth, prüfen. Zudem sollten die verschiedenen Elemente zueinander stimmig sein. Sind auf dem Foto mehrere Personen zu sehen, sollte geprüft werden, ob diese auch zur gleichen Zeit gelebt haben und ob sich diese Personen zur gleichen Zeit an dem gezeigten Ort aufgehalten haben.

4) **Wann** wurde das Foto aufgenommen?

Um Anachronismen (falsche zeitliche Einordnung für das vermutete oder angegebene Aufnahmejahr) zu entdecken, muss man das Foto möglichst genau betrachten. Stimmigkeit von Datum, Zeit und Ort können bei Außenaufnahmen anhand der Schatten geprüft werden. Ebenso ist ein Abgleich mit historischen Wetterdaten möglich. Gerade falsch wirkende Schatten können ein Hinweis auf eine (schlechte) Bildmontage sein.

5) **Warum** wurde das Foto aufgenommen?

Hierfür ist eine Kontextualisierung des Fotos in der Biografie des Autors oder in der Erstveröffentlichung notwendig. Zu beiden kann die Bilderrückwärtssuche (siehe oben) direkt führen. Bei mehreren Fundstellen sind entweder die angegebenen Metadaten heranzuziehen oder es muss die älteste Fundstelle herausgefunden werden. Ein Abgleich der biografischen Informationen mit den Hinweisen zur Erstveröffentlichung (Hat dieser Fotograf für diese Zeitschrift gearbeitet? Hatte dieser Nutzer einen Account bei „Wer kennt wen?" usw.) kann als zusätzliche Prüfung dienen.

Mögliche Fallstricke und Tipps

- Die Lerngruppe muss gut betreut werden. Das Verfahren verlangt vor allem, dass die Schüler lernen, eigenständig weiterführende Fragen zu formulieren. Da gerade dies in der Schule selten geübt wird, brauchen die meisten Schüler hierbei Unterstützung. Die selbstständige Arbeit in Kleingruppen bietet ausreichend Möglichkeiten, Einzelgespräche zu führen und einzelnen Schülern oder Gruppen Hilfestellungen zu geben.
- Die Unterrichtsidee ist sehr offen angelegt. Wenn man den Schülern die Wahl lässt, welches Foto sie untersuchen wollen, kann logischerweise nicht im Vorfeld geprüft werden, ob eine vollständige und erfolgreiche Prüfung tatsächlich möglich ist. Im Wesentlichen geht es aber darum, dass die Schüler das Verfahren kennenlernen und reflektieren – hierzu gehören auch die Grenzen der Methode. Insofern ist es kein Manko, wenn eine Prüfung nicht erfolgreich ist. Es sollte jedoch im Anschluss diskutiert werden, welche weiteren Informationen nötig wären, um die Prüfung erfolgreich durchzuführen.
- Es ist natürlich auch möglich, dass der Lehrer den Schülern nur im Hinblick auf die Überprüfbarkeit ausgewählte Fotos zur Verfügung stellt. Die Nachteile sind der hohe Vorbereitungsaufwand für den Lehrer und, dass eine reale und eigenständige „Forschungsaufgabe", die ggf. auch ein Scheitern beinhalten kann, ausgeschlossen wird. Mit Rückschlägen umgehen zu können und aus ihnen Erkenntnisse für die weitere Arbeit zu ziehen, ist eine wichtige Fähigkeit im Hinblick auf Ausbildung und Studium, die im „Schonraum" Schule erlernt werden sollte.

Daniel Bernsen: 33 Ideen Digitale Medien Geschichte
© Auer Verlag

45–90 Minuten

 Erarbeitung

 Quellen und Darstellungen suchen und ihre Zuverlässigkeit prüfen

Beschreibung

In Bezug auf den Zweiten Weltkrieg und den Holocaust erleben wir gerade den Übergang vom kommunikativen in das kulturelle Gedächtnis. Damit bleiben von den Zeitzeugen nur die medialen Aufzeichnungen ihrer Aussagen.

Es waren speziell diese Themen, die die „Oral History" in die Schule gebracht haben. In zahlreichen großen und kleinen Projekten wurden gezielt die Zeugnisse der Opfer für die Nachwelt auf Video festgehalten. Einige dieser Projekte haben ihre Videos frei im Internet verfügbar gemacht, sodass sie auch für den Geschichtsunterricht genutzt werden können. Die Schüler können in den Online-Zeitzeugen-Portalen selbstständig recherchieren und die Interviews für Vorträge, Präsentationen, Geschichtsvideos (siehe hierzu auch „1.12 Eine Geschichtsdokumentation drehen", S. 30) oder schriftliche Ausarbeitungen (z. B. Facharbeit) unter eigenen Fragestellungen auswerten.

Benötigte Materialien und technische Voraussetzungen

• Computer mit Internetzugang pro Kleingruppe sowie Lautsprecher oder idealerweise Kopfhörer (können die Schüler ggf. von zu Hause mitbringen)
• Je nach Portal sind eine vorherige Registrierung und das Anlegen eines Nutzer-Accounts notwendig.

Ablauf und Methode an einem konkreten Beispiel

• Setting: Alltag im Nationalsozialismus
• Vorwissen: Die Schüler besitzen Kenntnisse über den Aufbau des NS-Staates und die Gesellschaft im Nationalsozialismus.
• Ausgehend von der Darstellung im Schulbuch entwickeln die Schüler zunächst im Plenum eigene Fragen an das Thema Alltag im Nationalsozialismus. Die Fragen werden notiert.
• Anschließend untersuchen die Schüler in Kleingruppen Ausschnitte aus Zeitzeugeninterviews im Hinblick auf die zuvor gesammelten Fragen.
  Dabei sollten die Schüler vor allem auch die spezifischen Chancen und Probleme von Zeitzeugenaussagen reflektieren.
  Hilfreich ist hierfür z. B. das Arbeitsblatt vom Geschichtswettbewerb des Bundespräsidenten zur Auswertung von Zeitzeugeninterviews (PDF S. 3):
  https://www.koerber-stiftung.de/fileadmin/user_upload/koerber-stiftung/redaktion/ geschichtswettbewerb/pdf/2016/arbeitsblaetter/05_Experten-_und_Zeitzeugeninterview.pdf [1]
• Die Ergebnisse der Gruppenarbeitsphase werden schließlich wieder im Plenum zusammengetragen, miteinander verglichen und kritisch im Hinblick auf den Erkenntnisgewinn bzw. die Beantwortung der Fragen diskutiert.
• Gegebenenfalls kann sich eine lokale oder regionale, vertiefende Recherche in Form eines kleinen Projekts zum Thema anschließen.

- Es ist immer zu prüfen, ob das Interview vollständig oder nur in Auszügen vorliegt.
- Je nach Umfang des Portals und je nach Hilfsmöglichkeiten (z.B. Suchfunktion, Schlagworte, Transkripte) besteht die Gefahr, dass die Schüler schnell den Überblick verlieren. Daher kann – je nach Alter und Erfahrung der Schüler – eine Vorauswahl von Interviews durch den Lehrer sinnvoll sein. In jedem Fall aber sollten die Schüler mit einer (im Idealfall selbst gestellten) konkreten Aufgabe oder Frage an das Material herangehen, um sich nicht in der Menge der Videos zu verlieren.

Analoge Alternative

Die Videos ersetzen reale Zeitzeugengespräche, die aus verschiedenen Gründen nicht durchführbar sind. Die aufgezeichneten Gespräche bieten einige Vorteile: Die Videos können angehalten werden, um Notizen zu machen oder um über das Gesagte nachzudenken. Passagen können nochmals gehört werden, das Bild kann zur genauen Betrachtung pausiert und ggf. vergrößert werden. Zudem ist aufgrund der Medialität die Distanz größer als bei einer realen Begegnung, was die Chance einer kritischen Auseinandersetzung mit dem Gesagten erhöht. Nichtsdestotrotz gehen durch die Aufzeichnung eine Menge an zusätzlichen Informationen verloren (z.B. Was ist vor und nach dem Interview passiert? Wie war die Stimmung zwischen Interviewer und Zeitzeugen?).

Materialhinweise und Infoseiten

- Online-Portal Centropa: Jüdisches Leben im 20. Jahrhundert in Mitteleuropa:
  http://www.centropastudent.org/?nID=32&fLang=GER `2`
- Zeitzeugen-Portal:
  https://www.zeitzeugen-portal.de `3`
- Online-Portal iWitness der USC Shoah Foundation (Englisch, Anmeldung erforderlich):
  http://iwitness.usc.edu/SFI/ `4`
- DVD „Zeugen der Shoah. Fliehen – Überleben – Widerstehen – Weiterleben":
  https://www.bpb.de/shop/multimedia/dvd-cd/141267/zeugen-der-shoah-fliehen-ueberleben-widerstehen-weiterleben `5`
- BpB Dossier: NS-Zwangsarbeit. Lernen mit Interviews:
  http://www.bpb.de/geschichte/nationalsozialismus/222452/ns-zwangsarbeit-lernen-mit-interviews `6`

`1`

`2`

`3`

`4`

`5`

`6`

Daniel Bernsen: 33 Ideen Digitale Medien Geschichte
© Auer Verlag

6 Unterrichtsstunden

 Projekt

 Quellen und Darstellungen suchen und ihre Zuverlässigkeit prüfen

Beschreibung

In vielen Bundesländern ist im Lehrplan zu Beginn der gymnasialen Oberstufe noch einmal ein theoretischer und methodischer „Einstieg" in das Fach Geschichte vorgesehen. Eine besondere Bedeutung hat dieser Einstieg in Schulformen, die in der Sekundarstufe I die Gesellschaftswissenschaften nur als Verbundfach unterrichten und erst mit der Oberstufe die Fächer Geschichte, Erdkunde, Sozialkunde / Politik als eigenständige Fächer einführen. Mithilfe einer vorab manipulierten Quelle werden thematisch zusammenhängend in einem kleinen Projekt Grundbegriffe, grundlegende Methoden und Hilfsmittel des Faches Geschichte erarbeitet.

Benötigte Materialien und technische Voraussetzungen

- für die Manipulation einer Quelle: Computer mit Internetzugang sowie vorinstalliertem Bildbearbeitungsprogramm (z. B. Paint.NET®, Adobe® Photoshop oder die Software eines ⇨ interaktiven Whiteboards)
- für Stunde 1: Computer und Beamer oder ein interaktives Whiteboard
- für Stunde 2: Computer oder Tablet mit Internetzugang pro Kleingruppe

Ablauf und Methode an einem konkreten Beispiel

- Setting: 1917 – ein Epochenjahr?
- Vorbereitung: Der Lehrer wählt eine bereits manipulierte Quelle samt Original aus oder er manipuliert die Quelle selbst (siehe hierzu auch „5.1 Fotos manipulieren", S. 63).
- 1. Stunde: Der Lehrer projiziert die manipulierte Quelle an die Wand und teilt sie zusätzlich als Kopie an die Schüler aus. Gemeinsam wird versucht, die Handschrift zu entziffern und zu transkribieren. Anschließend formulieren die Schüler Fragen an die Quelle. Es wird dabei zwischen Fragen, die durch die Einzelquelle bereits beantwortet werden können, und Fragen, die eine weitere Recherche notwendig machen, unterschieden. Die Fragen werden notiert.
- 2. Stunde: In dieser Stunde werden Kriterien der inneren und äußeren Quellenkritik erarbeitet. In arbeitsteiligen Gruppen übernimmt ein Teil der Schüler die Überprüfung der inneren, der andere die der äußeren Kriterien mithilfe einer Internetrecherche. Letztere sollte dabei als Methode explizit thematisiert werden. Die Ergebnisse der Gruppen werden zusammengeführt und die Glaubwürdigkeit der in Kopie vorliegenden Quellenabbildung beurteilt.
- 3. und 4. Stunde: Die Schüler lernen verschiedene Periodisierungsmodelle der Geschichtswissenschaft sowie des Jahres 1917 als Epochenjahr kennen. Abschließend ordnen sie die Quelle in den allgemeinen historisch-politischen Kontext ein.
- 5. und 6. Stunde: Die Schüler lernen den historischen Quellenbegriff und die verschiedenen Arbeitsschritte einer Quellenanalyse und -interpretation kennen. In Kleingruppen üben sie die Methoden an dem gewählten Beispiel ein. Abschließend werden die Arbeitsergebnisse verglichen und diskutiert.

Mögliche Fallstricke und Tipps

- Bei der Auswahl der Quelle sollte darauf geachtet werden, dass sie inhaltlich den Projektrahmen von ca. sechs Unterrichtsstunden trägt und sich auch zur inhaltlichen Auseinandersetzung und historischen Einordnung eignet.
- Das Entziffern von Handschriften ist sehr motivierend und spannend, kann den Schülern aber auch sehr schwer fallen. Alternativ bieten sich gedruckte Quellen an. Die auf diese Weise gesparte Zeit kann zur Einführung und Diskussion des Quellenbegriffs zu Beginn des Projekts genutzt werden.
- Die Arbeitsschritte zur Interpretation einer historischen Quelle sollten schriftlich festgehalten werden, sodass die Schüler immer wieder auf diese Abfolge zurückgreifen können.

Analoge Alternative

Alternativ kann die Einführung in das Fach in den Geschichtsschulbüchern mit einem Überblick über Grundbegriffe, Epochen und Methoden genutzt werden.

Materialhinweise

Digitalisierte Quellen, die online sowohl als Transkript als auch als Bild verfügbar sind:
- Landeshauptarchiv Rheinland-Pfalz:
  https://www.landeshauptarchiv.de/service/archivische-bildungsarbeit/serviceseiten-der-archivischen-bildungsarbeit/unterrichtsmaterialien/
- Sammlung von Feldpostbriefen aus dem Ersten Weltkrieg der Museumsstiftung Post und Telekommunikation:
  http://www.museumsstiftung.de/briefsammlung/feldpost-erster-weltkrieg/feldpost.html
- Hilfe zur Entzifferung von historischen Handschriften mit Leseübungen („Digitale Schriftkunde" der Staatlichen Archive Bayerns):
  http://www.gda.bayern.de/DigitaleSchriftkunde/

1

2

3

Daniel Bernsen: 33 Ideen Digitale Medien Geschichte
© Auer Verlag

10 Minuten

 Einstieg

 Quellen und Darstellungen erschließen und untersuchen

Beschreibung

Statt direkt mit dem Lesen komplexer Texte, z. B. schriftlicher Quellen oder Darstellungen, zu beginnen, können diese mithilfe einer Wort-Wolke (Tag-Cloud) vorentlastet werden. Die Schüler sehen zunächst nur die Zusammenfassung des Textes in Form einer Schlagwort-Wolke und stellen hiervon ausgehend Vermutungen über den Inhalt und die Intention des Textes an. Diese Vermutungen werden anschließend beim Lesen des Textes mithilfe von Textzitaten be- oder widerlegt.

Benötigte Materialien und technische Voraussetzungen

- Computer und Beamer oder ein ⇨ interaktives Whiteboard
- Anwendung, die einen Text in eine Schlagwort-Wolke (Tag-Cloud) umwandelt, z. B. Wortwolken (*https://www.wortwolken.com*), Wordle™ (*http://www.wordle.net*) oder TagCrowd (*https://tagcrowd. com*)

Ablauf und Methode an einem konkreten Beispiel

- Setting: Einstieg in eine Unterrichtsstunde in der Reihe Phasen der Französischen Revolution
- Vorbereitung: Der Text muss digital als Link, Word- oder PDF-Dokument vorliegen. Mithilfe einer der zuvor genannten Anwendungen kann der gewünschte Text, z. B. die Rede Robespierres vor dem Nationalkonvent am 3.12.1792 (siehe Beispiel unten), in eine Schlagwort-Wolke umgewandelt werden. Die Datei kann direkt über die Anwendung oder als ⇨ Screenshot gespeichert werden.
- Der Lehrer projiziert die Schlagwort-Wolke per Beamer oder über das ⇨ interaktive Whiteboard. Die Schüler äußern hiervon ausgehend erste Vermutungen über den Inhalt und die Intention der Rede, z. B. „Es geht in der Rede Robespierres um die Freiheit des Volkes, die durch Ludwig XVI. als Tyrannen gefährdet ist.".
- Anschließend wird die Rede gelesen. Die zuvor geäußerten Vermutungen der Schüler helfen bei der Texterschließung, sie werden mithilfe von Textzitaten be- oder widerlegt. So kann die oben genannte Vermutung z. B. durch folgendes Zitat im Quellentext belegt werden: „Das Recht, den Tyrannen zu bestrafen, und das Recht, ihn zu entthronen, ist dasselbe. […] seine Strafe die, welche die Freiheit des Volkes fordert."

Mögliche Fallstricke und Tipps

- In Texten sind immer auch viele Wörter enthalten, die für das zentrale Verständnis nicht notwendig sind (z. B. Artikel oder Hilfsverben). Diese Wörter können bei den meisten Anwendungen herausgefiltert werden, sodass sie in der Schlagwort-Wolke keine Berücksichtigung finden.
- Zusammenhängende Begriffe wie „Ludwig XVI." werden von den Anwendungen nicht als zusammenhängend erkannt und somit als „Ludwig" und „XVI." gelesen und in der Schlagwort-Wolke getrennt dargestellt. Je nach Text kann dies ggf. irreführend sein. Problematisch ist außerdem, dass Deklinations- und Konjugationsformen eines Adjektivs, Nomens bzw. Verbs nicht als ein Wort erkannt, sondern als unterschiedliche Wörter behandelt werden, obwohl es sich um denselben, ggf. sehr häufig im Text vorkommenden Begriff handelt.

Daniel Bernsen: 33 Ideen Digitale Medien Geschichte
© Auer Verlag

- Nicht bei jedem Text erschließen sich die Zusammenhänge durch eine Schlagwort-Wolke. Werden Begriffe beispielsweise ironisch oder propagandistisch eingesetzt, kann dies durch die Tag-Cloud allein nicht vermittelt werden. In jedem Fall aber ist für die Einordnung und das Verständnis des Textes Vorwissen notwendig. Dieses Vorwissen kann mithilfe der Schlagwort-Wolke abgerufen und vorbereitend für die anschließende Lektüre des Textes vorstrukturiert werden.
- Schriftart, Schrift- und Hintergrundfarbe können bei den meisten Anwendungen frei gewählt werden.

Analoge Alternative

Analoge Alternativen sind bekannte Texterschließungsverfahren (z. B. Annäherung über den Titel und die Zwischenüberschriften), Scanning und Skimming von Texten oder das Sammeln begründeter Vermutungen über den Textinhalt aufgrund des Vorwissens zu der Person und dem historischen Kontext.

Beispiel

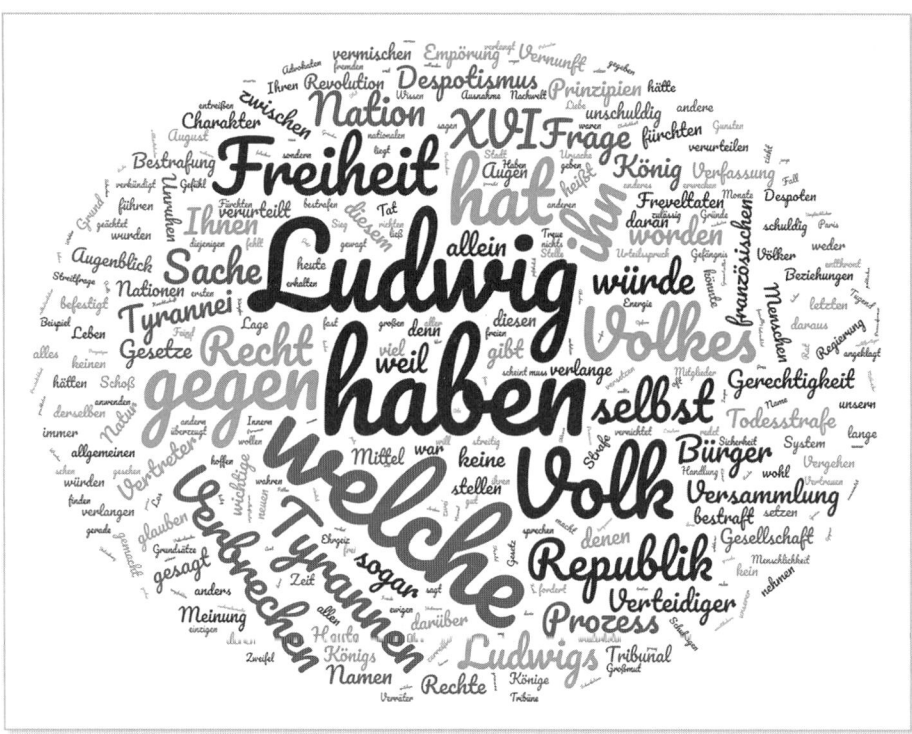

Mit Wordle™ erstellte Tag-Cloud der Rede Robespierres im Nationalkonvent am 3.12.1792
Fundstelle des Quellentextes, der der Tag-Cloud zugrunde liegt:
http://www.zum.de/psm/frz_rev/frz_rob.php

Daniel Bernsen: 33 Ideen Digitale Medien Geschichte
© Auer Verlag

10–15 Minuten

 Anwendung / Wiederholung

 Quellen und Darstellungen erschließen und untersuchen

Beschreibung

Die Schüler beschreiben Bildquellen mithilfe von Schlagworten. Das Ganze geschieht in Form eines Spiels, sodass die Schüler für „richtige" Schlagworte Punkte erzielen und in der Highscore entsprechend aufsteigen. Dabei gilt: Man sieht nur, was man kennt. Es sind also ausreichend Vorkenntnisse aufseiten der Schüler und eine gute Auswahl vonseiten des Lehrers notwendig, dass diese Methode sinnvoll genutzt werden kann.

Benötigte Materialien und technische Voraussetzungen

- Computer mit Internetzugang pro Schülerpaar
- Schüler-Zugänge zur browserbasierten „App in die Geschichte" (*http://app-in-die-geschichte.de*). Die WebApp ist kosten- und werbefrei, es müssen keine persönlichen Daten hinterlegt werden. Infos zur Anmeldung als Lehrkraft und zum Anlegen von Schüler-Accounts finden sich unter *http://app-in-die-geschichte.de/bundles/geschichtsappfrontend/pdf/GeschichtsApp_Lehrerhinweise_05122016.pdf*

Ablauf und Methode an einem konkreten Beispiel

- Vorbereitung: Der Lehrer wählt im Vorfeld für die Lerngruppe passende Bildquellen aus, er legt Schüler-Accounts an und stellt den Schülern die Zugangsdaten bereit (z. B. per E-Mail verschicken, Tafelanschrieb).
- Die Schüler gehen paarweise zusammen. Jedes Schülerpaar öffnet die „App in die Geschichte" in einem Internetbrowser. Die Schüler loggen sich mit ihrem Zugang ein (oben rechts) und klicken dann auf „Tagging Game" (tagging = engl. für verschlagworten, also das „Verschlagwortungsspiel"). Im Menü auf der linken Seite wählen sie unter Quellen die von ihrem Lehrer ausgewählten und für sie zusammengestellten Bildquellen aus.
- Im Spiel geben die Schüler pro Bild möglichst viele Schlagworte ein. Die App erkennt die Schlagworte automatisch als „richtig" oder „falsch".
- Liegen genug Schlagworte für ein Bild vor, kann auch die Tabu-Variante gespielt werden: Hier werden die für ein Bild bereits vorhandenen Schlagworte ausgeschlossen. Wer nun ein weiteres richtiges Schlagwort eingibt, erhält fünf Punkte.
- Die Highscore aller Nutzer kann unter *http://app-in-die-geschichte.de/highscore* eingesehen werden.

Mögliche Fallstricke und Tipps

- Es eignen sich alle historischen Themen, zu denen Bildquellen vorliegen. Die Methode kann sowohl zu einer Epoche, zu einer Person (z. B. Bismarck in Karikaturen) oder einem Ereignis (z. B. die Französische Revolution in Bildern) als auch für Längsschnitte (z. B. Mensch und Umwelt) oder Gendergeschichte eingesetzt werden. Als Bildquellen können nicht nur Fotos, sondern auch Karikaturen verwendet werden.
- Voraussetzung ist, dass die Schüler ausreichend Vorwissen besitzen, sowohl über den historischen Kontext als auch Bildwissen über das Aussehen von Personen, Orten, Gegenständen usw., um diese

auf den Bildquellen identifizieren zu können. Ist dies nicht gegeben, bleibt die Beschreibung bzw. Verschlagwortung an der Oberfläche und bietet kaum einen Wert für historisches Lernen.

- Die Methode eignet sich auch zur Wiederholung und (Selbst-)Überprüfung der Schüler vor dem Abitur (siehe hierzu auch „Mit der ‚App in die Geschichte' fürs Abi lernen" unter *https://geschichtsunterricht.wordpress.com/2015/11/01/mit-der-app-fuer-die-geschichte-fuers-abi-lernen/*).

`1`

Analoge Alternative

Die Bildbeschreibung per Verschlagwortung ist eine spielerische Variante der üblichen Beschreibung von Bildquellen im Unterricht. Auch analog kann die Verschlagwortung als alternative Form der Bildbeschreibung im Unterricht eingesetzt werden. Die Aufgabe ist vergleichsweise komplex, da sie nicht nur die beschreibende Ebene umfasst, sondern auch eine Synthese-Leistung verlangt, in der die wichtigsten Elemente erkannt und als Schlagworte benannt werden. Eine mögliche Aufgabenstellung könnte lauten: „Beschreibe das Bild mit fünf Schlagworten."

Auch die Variante mit Punktevergabe auf Schnelligkeit lässt sich analog umsetzen: Hierzu werden mehrere Bildquellen als Kopie im Klassenzimmer aufgehängt. Die Schüler bekommen eine Zeitvorgabe (je nach Anzahl der Bilder), in der sie möglichst viele Schlagwörter zu den Bildern notieren sollen. Die Auswertung, welche Schlagwörter als richtig bzw. relevant anerkannt werden, findet im Plenum statt. Nur für diese erhalten die Schüler dann Punkte. Der Schüler mit den meisten Punkten gewinnt. Es ist eine lockere Methode, um über Bildquellen und spielerische Elemente noch einmal zentrale Inhalte des Unterrichts zu wiederholen.

Beispiel und Infoseite

- „App in die Geschichte" – Funktionen und Unterrichtsideen 3: „Tagging Game": *https://geschichtsunterricht.wordpress.com/2014/04/29/app-in-die-geschichte-funktionen-und-unterrichtsideen-3-tagging-game/*

`2`

`1`

`2`

Daniel Bernsen: 33 Ideen Digitale Medien Geschichte
© Auer Verlag

20–30 Minuten

 Erarbeitung oder Ergebnissicherung

 Quellen und Darstellungen erschließen und untersuchen

Beschreibung

Die Schüler verwenden ein digitalisiertes Foto oder Gemälde und fügen mithilfe einer Software Informationen in das Bild ein, um so das Gelernte darzustellen und zu sichern. Die Bilder können mit Texten, vergrößerten Ausschnitten des Bildes oder weiteren Bildern, Symbolen, Links oder auch Videos angereichert werden, die jeweils an dem spezifischen Punkt im Bild eingebunden werden, den sie näher beschreiben oder analysieren.

Benötigte Materialien und technische Voraussetzungen

- Computer oder Tablet mit Internetzugang pro Kleingruppe
- Computer und Beamer oder ein ⇨ interaktives Whiteboard
- ggf. einen Schülerzugang zu einem der verwendeten Programme, z.B. zu Thinglink® (*https://www.thinglink.com*), LearningApps (*https://learningapps.org*) oder Aurasma® (*https://www.aurasma.com*)

Ablauf und Methode an einem konkreten Beispiel

- Setting: Ludwig XIV. und Versailles
- Vorbereitung: Der Lehrer sucht ein passendes digitalisiertes Foto oder Gemälde z.B. in den Wikimedia Commons®.
- Der Lehrer projiziert Hyacinthe Rigauds Porträt Ludwigs XIV. Die Schüler beschreiben das Bild und äußern erste Vermutungen über die Bildaussage(n).
- Der Lehrer stellt den Schülern das Bild bereit (z.B. per E-Mail verschicken, Verlinkung in einer ⇨ Lernplattform).
- Die Schüler bilden Kleingruppen, jede Kleingruppe arbeitet an einem Computer. Ausgehend von der Darstellung im Porträt und dem Text im Schulbuch recherchieren die Schüler nach weiteren Informationen über Ludwig XIV. bzw. das Staatsporträt. Anschließend annotieren sie das digitalisierte Staatsporträt: Sie benennen die wichtigsten Gegenstände, zeigen Zusammenhänge auf und setzen Links zu weiterführenden Informationen im Internet.
- Anschließend stellt eine Gruppe ihre annotierte Darstellung des Porträts im Plenum vor. Die Mitschüler ergänzen und korrigieren die vorgestellten Ergebnisse, wenn nötig. Die Anmerkungen werden direkt in das annotierte Porträt eingefügt, ebenso wie die gemeinsam formulierte Gesamtaussage.
- Ein vollständig und korrekt annotiertes Bild wird schließlich allen Schülern zur Verfügung gestellt (per E-Mail verschicken, über das Schulnetzwerk oder eine Lernplattform).

Mögliche Fallstricke und Tipps

- Alternativ kann auch mit einer Bildbearbeitungssoftware oder der Software eines ⇨ interaktiven Whiteboards gearbeitet werden. Der Vorteil ist, dass – im Gegensatz zu den oben genannten Online-Anwendungen – keine Anmeldung notwendig ist. Es ist allerdings zu klären, ob eine entsprechende Software und ggf. welche auf den Schulrechnern installiert ist.

Daniel Bernsen: 33 Ideen Digitale Medien Geschichte
© Auer Verlag

- Der Vorteil von Online-Anwendungen ist, dass die Schüler hier auch von zu Hause Zugriff auf die erstellten Dateien haben. Wird mit Schulsoftware gearbeitet, muss vorab geklärt werden, wie die Dateien gesichert und verfügbar gehalten werden, vor allem wenn die Schüler auch nach der Stunde die Lernprodukte noch nutzen sollen oder wollen.
- Die Methode kann auch gut als Einstieg in ein Thema genutzt werden, um zunächst spontane Eindrücke festzuhalten. Darauf aufbauend kann dann in das Thema einer Unterrichtsreihe eingeführt oder eine vertiefte Bildanalyse durchgeführt werden.
- Wird die Methode das erste Mal eingesetzt, ist die Analyse meist recht oberflächlich. Sie muss vielmehr wiederholt eingesetzt und geübt werden, um ihr Potenzial voll ausschöpfen zu können.

Analoge Alternative

Die Schüler erhalten eine Kopie des Bildes. Sie kleben das Bild auf ein Plakat, markieren zentrale Elemente des Bildes mit Pfeilen und beschriften diese entsprechend.

Beispiele

- Deutschland – Einwanderungsland (segu Geschichte): *https://segu-geschichte.de/deutschland/*
- Robert Koehler: Der Streik (1886) (segu Geschichte): *https://segu-geschichte.de/streik*

1

2

Daniel Bernsen: 33 Ideen Digitale Medien Geschichte
© Auer Verlag

3 Unterrichtsstunden

 Projekt

 Quellen und Darstellungen erschließen und untersuchen

Beschreibung

Die Schüler erhalten verschiedene Karikaturen zu einem historischen Thema. Sie recherchieren im Internet und sammeln Informationen zu diesen Karikaturen. Sie werten die Informationen aus, verfassen kurze Erklärungen und präsentieren die Karikaturen samt Erklärung in einer kleinen Ausstellung im Klassenzimmer.

Benötigte Materialien und technische Voraussetzungen

- Computer oder Tablet mit Internetzugang pro Schülerpaar
- Drucker
- ggf. Plakate, Kleber, dickere Stifte und Klebepunkte

Ablauf und Methode an einem konkreten Beispiel

- Setting: Unterrichtsreihe über die Revolution 1848 / 1849
- Vorbereitung: Der Lehrer wählt im Vorfeld unterschiedliche Karikaturen zu dem Thema aus. Die Karikaturen enthalten keine weiteren Angaben. Die Schüler erhalten nur das Bild. Die Karikaturen können entweder digital über eine ⇨ Lernplattform oder als Kopie zur Verfügung gestellt werden.
- Die Schüler gehen paarweise zusammen. Jedes Schülerpaar wählt eine Karikatur aus, die sie spontan anspricht und interessiert.
- Die Paare recherchieren im Web und sammeln Informationen zu den Karikaturen.
  In einem ersten Schritt werden folgende Fragen beantwortet:
  - Wer? (Wie heißt der Karikaturist?)
  - Was? (Welches Thema wird hier aufgegriffen?)
  - Wann? (An welchem Tag wurde die Karikatur veröffentlicht?)
  - Wo? (In welcher Zeitschrift wurde die Karikatur veröffentlicht?)
  - Warum? (Welchen Anlass gibt es für die Karikatur?)
- Im Anschluss wird die Karikatur analysiert und interpretiert:
  - Abgebildete Personen und Bildelemente werden detailliert beschrieben.
  - Einzelne Elemente und ihre Zusammenhänge werden gedeutet.
  - Die Aussage wird zusammengefasst und politisch eingeordnet (z. B. einer Partei oder einer politischen Strömung / Meinung zugeordnet).
- Ihre Ergebnisse fassen die Schüler auf Lernplakaten zusammen.
- Die Lernplakate werden chronologisch nach Erscheinungsdatum bzw. nach Datum des karikierten Ereignisses sortiert im Klassenzimmer aufgehängt. Auf diese Weise entsteht eine Mini-Ausstellung „Die Revolution 1848 / 1849 in Karikaturen".
- Die Schüler geben sich gegenseitig Feedback zu ihrer Arbeit. Hierfür bietet sich die Punktewertung an: Jeder Schüler erhält drei Klebepunkte, die er frei auf die Plakate verteilen darf, die er für besonders gelungen hält.
- Die Plakate mit den meisten Punkten werden im Plenum vorgestellt und es wird kurz diskutiert, warum diese Plakate besonders gelungen sind.

Daniel Bernsen: 33 Ideen Digitale Medien Geschichte
© Auer Verlag

Mögliche Fallstricke und Tipps

- Der Lehrer sollte im Vorhinein prüfen, ob die Aufgabe lösbar ist und ausreichend Informationen zu den gewählten Karikaturen im Netz zu finden sind.
- Voraussetzung ist, dass die Schüler bereits ein Überblickswissen über das historische Thema besitzen. Natürlich kann die Erarbeitung des Themas auch in das Projekt aufgenommen werden, dann sollte dieses allerdings auf fünf Unterrichtsstunden ausgedehnt werden.
- Gleichfalls vorausgesetzt werden Grundkenntnisse der Internetrecherche. Sind die Schüler hier wenig geübt, sollten im Vorfeld noch einmal unterschiedliche Suchstrategien sowie eine mögliche Systematik für aufeinanderfolgende Rechercheschritte besprochen werden.
- Zudem sollten die Schüler methodische Grundkenntnisse in der Analyse einer Karikatur haben.
- Werden die Karikaturen digital zur Verfügung gestellt, ist die Recherche einfacher: In der Bildersuche bei Google® kann das digitale Bild direkt in das Suchfenster gezogen werden und die Treffer zu dieser Karikatur werden angezeigt (Bilderrückwärtssuche).
- Zur Entzifferung von Symbolen kann das Karikaturen-Wiki der ZUM genutzt werden (*http:// karikaturen.zum.de/wiki/Hauptseite*). Die Schüler können zu diesem ⇨ Wiki auch selbst beitragen und fehlende Symbole und Informationen ergänzen. Dies erhöht allerdings den Zeitbedarf.
- Werden im Vorfeld transparente Kriterien für die Bewertung der Lernplakate vereinbart, können diese auch benotet werden. Darüber hinaus können die Schüler zusätzlich oder alternativ jeweils in Einzelarbeit eine kleine Lernmappe ausarbeiten, die die Ergebnisse präsentiert und die einen Arbeitsbericht enthält, der die Suchstrategien und die Recherche reflektiert. Die Lernmappen gewähren einen guten Einblick in die Arbeitsweise der Schüler und zeigen mögliche Defizite im Bereich der Recherche auf, die in späteren Stunden noch einmal aufgegriffen werden können.

Analoge Alternative

Ohne Internetzugang und digitalisierte Zeitschriftenbestände wäre diese Arbeitsform in der Schule nicht möglich. Noch vor 20 Jahren hätte man die notwendigen Informationen nur in aufwendiger Bibliotheksrecherche, mit der Nutzung spezieller Fachdatenbanken und -publikationen zusammentragen können.
Das Neue ist also die Offenheit: Die Schüler wählen die Karikatur selbst aus und recherchieren hierzu. Das Vorgehen bei der Interpretation der Karikatur ändert sich dabei nicht, es entspricht dem im Geschichtsunterricht üblichen. Entscheidend ist vielmehr die Möglichkeit eines persönlichen Zugangs zum Thema über die Auswahl des Materials sowie eines eigenen „Forschungsschwerpunkts" durch Fokussierung auf einen bestimmten Aspekt innerhalb eines vorgegebenen Oberthemas.

Beispiele

- Karikatur-Recherche – Online-Suche Schritt für Schritt: *https://geschichtsunterricht. wordpress.com/2014/03/09/einer-karikatur-auf-der-spur-die-online-suche-schritt-fur-schritt/* **1**
- Karikatur-Recherche – über die Online-Suche zur Entschlüsselung unbekannter Bilder: *https://geschichtsunterricht.wordpress.com/2014/03/28/einer-karikatur-auf-der-spur-2-uber-die-online-suche-zur-entschlusselung-unbekannter-bilder/* **2**

1

2

Daniel Bernsen: 33 Ideen Digitale Medien Geschichte
© Auer Verlag

30–90 Minuten (je nach Umfang)

 Einstieg oder Erarbeitung

 Quellen und Darstellungen erschließen und untersuchen

Beschreibung

Mithilfe der Online-Anwendung Google® Street View begeben sich die Schüler auf eine virtuelle Exkursion an „außerschulische Lernorte" (z. B. Burgen, Schlösser, Denkmäler, archäologische Ausgrabungsstätten) und untersuchen diese anhand des in Google® Street View bereitgestellten Karten- und Bildmaterials.

Der historische Ort kann von außen betrachtet und beschrieben, ggf. vorhandene Inschriften können gelesen und Symbole gedeutet werden. Anhand der Karte (siehe hierzu auch „1.4 Digitale Karten erstellen", S. 14) lassen sich auch die Lage des Ortes in der Stadt und Beziehungen zur Umgebung (Sichtachsen, Bezugsgebäude dahinter oder gegenüber usw.) untersuchen. Teilweise besteht sogar die Möglichkeit, historische Orte, Gebäude und Ausstellungen zu betreten und von innen „virtuell" zu besichtigen.

Benötigte Materialien und technische Voraussetzungen

- Computer oder Tablet mit Internetzugang pro Kleingruppe

Ablauf und Methode an einem konkreten Beispiel

- Setting: Erinnerungskultur – Kriegerdenkmäler im Längsschnitt
- Vorbereitung: Der Lehrer wählt im Vorfeld passende Denkmäler für die virtuelle Exkursion aus.
- Die Schüler arbeiten in Kleingruppen. Jede Kleingruppe sucht auf Google® Street View die unterschiedlichen, für die jeweiligen Gruppen vom Lehrer zusammengestellten Denkmäler auf (z. B. jeweils ein Denkmal zum Krieg 1870 / 71, 1914–1918 und 1939–1945). Die Schüler untersuchen die Denkmäler anhand der methodischen Arbeitsschritte und halten ihre Beobachtungen schriftlich fest.
- Alternativ, jedoch mit deutlich höherem Zeitaufwand verbunden, können die Schüler auch selbst Denkmäler (z. B. ihrer Region) recherchieren, die sie dann mithilfe von Google® Street View aufsuchen.
- Abschließend vergleichen die Kleingruppen ihre Ergebnisse untereinander, z. B. in Form eines Gruppenpuzzles, oder aber eine Gruppe stellt ihre Ergebnisse im Plenum vor, die anderen Gruppen ergänzen und korrigieren, falls nötig.

Mögliche Fallstricke und Tipps

- Die Schüler sollten schon einmal ein Kriegerdenkmal – sofern am Schulort oder in der näheren Umgebung vorhanden – untersucht haben. Die Methode der Denkmalanalyse sollte bereits eingeführt und geübt worden sein. Ein großer Vorteil im Vergleich zu der Arbeit mit Fotos ist, dass auch die Lage in der Stadt sowie ggf. der Bezug zu anderen Denkmälern oder Gebäuden untersucht werden kann.
- Es können auch Denkmäler aus verschiedenen Ländern (z. B. Großbritannien, Frankreich, der Türkei oder Australien) miteinander verglichen werden. Jede Gruppe übernimmt jeweils ein Land. Der Vergleich zwischen den Ländern erfolgt in Form eines Gruppenpuzzles. Hier ist es allerdings notwen-

dig, dass der Lehrer im Vorfeld geeignete Denkmäler, zu denen Google® Street View ausreichend Bildmaterial anbietet, auswählt.

- Wird Google® Street View auf mehreren Endgeräten gleichzeitig genutzt, kann es sein, dass die Wiedergabe stark verlangsamt ist – je nach Internetanbindung der Schule. Im schlimmsten Fall ist so ein gleichzeitiges Arbeiten nicht mehr möglich. Dies sollte im Vorfeld geklärt bzw. getestet werden.
  Alternativ können auch größere Gruppen gebildet werden, sodass auf weniger Rechnern gleichzeitig gearbeitet wird, oder man projiziert Google® Street View per Beamer für die gesamte Klasse.
- Auch virtuelle Exkursionen laden zum Umschauen und Herumspazieren ein und besitzen damit einen potenziellen Ablenkungscharakter. Die Erkundung der Umgebung, die zu Beginn auch immer ein Ausprobieren der Möglichkeiten und Grenzen der Software ist, sollte durchaus zeitlich mit eingeplant werden. Grundsätzlich gilt: Je gewöhnlicher es für die Schüler ist, digitale Geräte im Unterricht zu nutzen, umso zielgerichteter ist auch ihre Arbeit.

Analoge Alternative

Eine analoge Alternative gibt es hier nicht. Wo dies möglich ist, bieten Unterrichtsgänge, Exkursionen und Studiengänge großartige Chancen, Geschichte „vor Ort" zu entdecken und zu erkunden. Virtuelle Exkursionen bieten sich dann an, wenn eine reale Exkursion nicht gemacht werden kann.

Beispiele und Infoseiten

- Historische Orte virtuell erkunden (segu Geschichte): *https://segu-geschichte.de/virtuelle-erkundung/*
- Daniel Bernsen: „Virtuelle Exkursionen". In: Ders. / Ulf Kerber (Hg.): Praxishandbuch Historisches Lernen und Medienbildung im digitalen Zeitalter, Opladen / Berlin / Toronto 2017, S. 274–282.
- Daniel Bernsen: „Kriegerdenkmäler im Vergleich. Virtuelle Exkursionen mit Google® Street View". In: Geschichte lernen 159 / 160 (2014): Historisches Lernen mit digitalen Medien, S. 46–52.

1

1

Daniel Bernsen: 33 Ideen Digitale Medien Geschichte
© Auer Verlag

45 Minuten

 Vertiefung

 Quellen und Darstellungen erschließen und untersuchen

Beschreibung

Computer- und Videospiele sind Teil der Lebenswelt der Kinder und Jugendlichen. Spiele mit einem historischen Thema oder Setting sind – betrachtet man die Verkaufszahlen – überaus beliebt. Als wichtiger Teil der gegenwärtigen Geschichtskultur sollten sie folglich auch Analysegegenstand im Unterricht werden.

Bei der Untersuchung von Computer- und Videospielen kann und sollte es weniger um ein Überprüfen der historischen Korrektheit, als vielmehr um die Darstellung von Geschichte im Spiel gehen: z. B. Wie werden Personen, Epochen, Ereignisse präsentiert? Welche grundlegenden Annahmen über historische und gesellschaftliche Prozesse liegen dem Spielaufbau zugrunde?

Da das Durchspielen des Spiels im Unterricht schwierig ist, bieten sich als Materialgrundlage Werbetrailer und Auszüge aus sogenannten ⇨ Playthroughs an. Daneben kann auch die Rolle von Geschichte in der Bewerbung des Spiels (z. B. Videos, Anzeigen, Plakate) untersucht werden.

Benötigte Materialien und technische Voraussetzungen

• Computer und Beamer oder ein ⇨ interaktives Whiteboard, jeweils mit Internetzugang, sowie Lautsprecherboxen
• Computer mit Internetzugang pro Kleingruppe sowie idealerweise Kopfhörer (können die Schüler ggf. von zu Hause mitbringen)

Ablauf und Methode an einem konkreten Beispiel

• Setting: Der Erste Weltkrieg in der heutigen Geschichtskultur – Vergleich der Darstellung des Krieges in zwei Computerspielen: „Valiant Hearts: The Great War®" (Ubisoft 2014) und „Battlefield 1®" (EA 2016)
• Vorwissen: Die Schüler kennen die Ursachen, den Verlauf, die Ergebnisse und die Folgen des Ersten Weltkriegs.
• Als Einstieg projiziert der Lehrer zunächst die Cover der beiden Videospiele.
  Die Schüler äußern erste Beobachtungen und Vermutungen. Darauf aufbauend werden mögliche Fragen für die weitere Analyse gesammelt.
  Mögliche Fragen können sein: Welche Rolle übernimmt der Spieler?, Wie ist die Perspektive des Spielers?, Wie wird der Krieg dargestellt?, Welche Auswirkungen hat das Kriegsgeschehen auf den Spieler?, Welche Aspekte des Krieges werden thematisiert?, Werden reale Orte und Ereignisse referenziert? Wenn ja, wie?
• Die Schüler bilden Kleingruppen. Jede Kleingruppe wählt das Videospiel aus, das sie näher untersuchen möchte. Hierzu sehen sich die Schüler den Werbetrailer ihres Videospiels an und untersuchen das Spiel mithilfe der zuvor gesammelten Fragen.
  Trailer „Valiant Hearts: The Great War®":
  https://www.youtube.com/watch?v=Nj60pXUaX0s

  Trailer „Battlefield 1®":
  https://www.youtube.com/watch?v=1ExbSlLTORY

1

2

- Im Anschluss stellen zwei Gruppen (jeweils eine Gruppe pro Videospiel) ihre Ergebnisse im Plenum vor. Die Mitschüler ergänzen oder korrigieren, wenn nötig.
- Abschließend werden die beiden Videospiele miteinander verglichen. Die Schüler diskutieren die Wirkung dieser Spiele auf den Spieler.

Mögliche Fallstricke und Tipps

- Es empfiehlt sich, die Werbetrailer in Kleingruppen untersuchen zu lassen, da so jede Gruppe in ihrem Tempo arbeiten, den Trailer anhalten, sich Notizen machen und Standbilder in Ruhe analysieren kann.
- Die Vielfalt der verschiedenen Kanäle (bewegte Bilder, gesprochener Text, Geräusche, Musik usw.) in Kombination mit den schnellen Schnitten erschwert die Analyse. Um dem zu begegnen, können sich die Schüler auch in arbeitsteiligen Gruppen auf jeweils nur einen Aspekt konzentrieren und ihre Beobachtungen anschließend in Expertengruppen zusammentragen und auswerten.

Analoge Alternative

Im Kern funktioniert die Analyse von digitalen Spielen ähnlich wie die Analyse von anderen geschichtskulturellen Zeugnissen, z.B. Comics oder Filmen. Es müssen nur die medienspezifischen Bedingungen (Entwicklung digitaler Spiele, Erzähltechniken und Spielmechanismen, Funktionsweise der Gaming-Industrie usw.) berücksichtigt werden.

Infoseite

- Arbeitskreis Geschichtswissenschaft und Digitale Spiele: *https://gespielt.hypotheses.org/* 3

1

2

3

Daniel Bernsen: 33 Ideen Digitale Medien Geschichte
© Auer Verlag

60–90 Minuten

 Vertiefung

 Veränderungen wahrnehmen und beschreiben

Beschreibung

Die Schüler manipulieren historische Fotos mithilfe einer Bildbearbeitungssoftware so, dass die Grundaussage des Bildes verändert wird, die Manipulation aber (auf den ersten Blick) nicht zu sehen ist.

Benötigte Materialien und technische Voraussetzungen

- Computer mit Internetzugang sowie vorinstallierter Software, die die Bearbeitung von Fotos erlaubt (z. B. Paint.NET®, Adobe® Photoshop oder die Bildbearbeitungssoftware eines ⇨ interaktiven Whiteboards), pro Kleingruppe
- ggf. Computer und Beamer oder ein interaktives Whiteboard

Ablauf und Methode an einem konkreten Beispiel

- Setting: Vertiefung des Themas „Foto als historische Quelle"
- Der Lehrer präsentiert den Schülern zunächst zwei Fotos eines Motivs, d. h. Original und Fälschung (z. B. das berühmte und in vielen Geschichtsbüchern auch abgedruckte Foto von Lenin bei einer Rede in Moskau mit Kamenew und Trotzki). Zunächst geht es um die genaue Beobachtung (Was wurde verändert?), dann um die Analyse der Wirkung, um schließlich ein begründetes Urteil über die Intention der Manipulation treffen zu können (z. B. „unerwünschte" Personen aus der kollektiven Erinnerung zu verbannen).
- Die Schüler bilden Kleingruppen. Die Kleingruppen können nun entweder frei ein beliebiges Thema sowie ein passendes Foto auswählen (freie Internetrecherche) oder aber es werden zunächst mögliche Themen an der Tafel gesammelt (ggf. auch an die letzte Unterrichtsreihe anknüpfend) und der Lehrer stellt den Schülern Links für die Fotorecherche bereit (z. B. Flickr Commons unter *https://www.flickr.com/commons* oder Wikimedia Commons® unter *https://commons.wikimedia.org/wiki/Main_Page*).
- Die Kleingruppen wählen jeweils ein passendes Foto aus, laden es herunter und speichern es. Anschließend erarbeiten und benennen sie zunächst die Aussage des Fotos, um diese dann gezielt durch Manipulation verändern zu können.
  Nach der Bildanalyse manipulieren sie das ausgewählte Foto mithilfe der vorinstallierten Bildbearbeitungssoftware so, dass die Aussage verändert wird. Die veränderte Version wird mit „Speichern unter" unter einem anderen Namen gesichert, sodass sowohl das Original als auch die Fälschung zum Vergleich gespeichert sind.
- Die Originalaufnahmen sowie die manipulierten Fotos der Schüler werden entweder ausgedruckt und in Form einer kleinen Ausstellung im Klassenzimmer ausgehängt (Museumsgang) oder per Beamer oder ⇨ interaktivem Whiteboard nacheinander projiziert und besprochen. Die Schüler geben sich gegenseitig Rückmeldung zu ihrer Fälscherarbeit, indem sie bewerten, wie gelungen und unsichtbar die Manipulation im Vergleich zum Original ist (bei einer Ausstellung z. B. mit Klebepunkten, bei einer Projektion mündlich), und die Veränderung der Bildaussage jeweils benennen.
- Abschließend wird im Plenum diskutiert, welche Bedeutung diese Möglichkeiten der Bildmanipulation für den Umgang mit Fotos als historische Quelle aber auch für den Umgang mit Nachrichten

(Stichwort „Fake News") haben und welche Möglichkeiten genutzt werden können, um zu prüfen, ob Fotos manipuliert wurden oder nicht (siehe dazu unten).

Mögliche Fallstricke und Tipps

- Voraussetzung ist, dass die Schüler Bildquellen analysieren und ihre intendierte Wirkung herausarbeiten können.
- Die Schüler verlieren sich bei der Suche nach einem geeigneten Foto häufig im Durchklicken interessanter Bildstrecken. Um dies zu vermeiden, kann der Lehrer auch eine Auswahl an historischen Fotos vorgeben. Es können durchaus auch mehrere Kleingruppen dasselbe Foto auswählen. Bei der abschließenden Besprechung kann dann die unterschiedliche Bearbeitung bzw. Manipulation verglichen und analysiert werden.
- Wenn möglich, sollte in jeder Kleingruppe mindestens ein Schüler sein, der bereits mit Bildbearbeitungsprogrammen gearbeitet hat. So können sich die Schüler gegenseitig bei der Bedienung des Programms unterstützen.
- Ist ein Schüler in der Klasse, der sich sehr gut mit Bildbearbeitung auskennt, kann dieser auch ohne Gruppenzuteilung bleiben und alle Kleingruppen als Berater bei der Softwarebedienung unterstützen.

Analoge Alternative

Bilder in dieser Weise zu manipulieren, ist im Grunde nur digital möglich. Das Besondere ist die praktische Erfahrung, wie einfach Bildmanipulationen durchzuführen sind.

Als analoge Form bietet sich in der Schule eigentlich nur der Vergleich von zwei Fotos an. Schwarz-Weiß-Bilder mithilfe von Papier, Schere, Kleber und Kopierer zu verfremden, ist meist zu aufwendig.

Beispiele und Infoseiten

- Fotovergleiche, besonders aus der DDR:
https://www.welt.de/kultur/history/article13794477/Wie-Stalin-und-Ulbricht-Fotos-retuschieren-liessen.html
- Thomas Schatz: Fotomanipulation, Kommunikation und Täuschungsabsicht:
http://www.kunstunterricht.ch/cms/grundlagen/122-fotomanipulation-kommunikation-und-tuschungsabsicht
- Sallm Butt: Seit wann spielt die Bildkommunikation im Fotojournalismus eine Rolle?:
http://www.planet-wissen.de/kultur/medien/geschichte_der_fotografie/pwiewissensfrage618.html

Daniel Bernsen: 33 Ideen Digitale Medien Geschichte
© Auer Verlag

60–90 Minuten

 Einstieg

 Veränderungen wahrnehmen und beschreiben

Beschreibung

Die Schüler laufen durch ihren Schulort. Auf ihren Smartphones haben sie historische Fotos des Schulorts. Sie suchen die auf den Fotos gezeigten Straßenzüge, Häuser o. Ä. auf und versuchen, diese aus der gleichen Perspektive zu fotografieren, wie auch die historischen Fotos aufgenommen wurden.

Im Klassenzimmer werden dann die historischen Aufnahmen und das aktuelle Stadtbild miteinander verglichen und Hypothesen aufgestellt, warum sich das Stadtbild verändert hat. Die Hypothesen werden festgehalten und bilden den Ausgangspunkt für eine Unterrichtsreihe, in der – je nach thematischer Schwerpunktsetzung – das Thema Stadtentwicklung, Industrialisierung oder Wiederaufbau nach dem Zweiten Weltkrieg am lokalen Beispiel erarbeitet wird.

Benötigte Materialien und technische Voraussetzungen

- mindestens ein Smartphone pro Kleingruppe
- Computer und Beamer oder ein ⇨ interaktives Whiteboard
- ggf. Schüler-Zugänge zur „App in die Geschichte" (*http://www.app-in-die-geschichte.de*)

Ablauf und Methode an einem konkreten Beispiel

- Setting: Mein Schulort im Wandel der Zeit
- Vorbereitung: Der Lehrer muss den geplanten Unterrichtsgang im Vorfeld anmelden (ggf. Elternbrief). Zudem wählt er historische Fotos des Schulorts aus und stellt diese den Schüler über einen Downloadlink, eine ⇨ Lernplattform oder die „App in die Geschichte" bereit, die Schüler laden die Fotos auf ihre Smartphones. Die Fotos sollten auf einen im Rahmen der verfügbaren Unterrichtszeit ablaufbaren Raum beschränkt sein.
- Die Schüler bilden Kleingruppen. Jede Kleingruppe hat mindestens ein Smartphone, auf dem die historischen Fotos sind.
  Da in der Regel alle Schüler am selben Punkt starten, sollten die Kleingruppen unterschiedliche Fotos erhalten, oder diese in vorgegebener, jeweils unterschiedlicher Reihenfolge ablaufen müssen.
- Die Gruppen suchen die auf den Fotos gezeigten historischen Motive im Stadtbild auf und versuchen, diese mit ihren Smartphones aus der gleichen Perspektive zu fotografieren, wie auch die historischen Fotos aufgenommen wurden.
- In der nächsten Unterrichtsstunde werden die Fotos im Klassenzimmer per Beamer oder ⇨ interaktivem Whiteboard projiziert und die historischen Aufnahmen mit den von den Schülern gemachten Fotos verglichen.
  Gemeinsam werden Hypothesen gesammelt, warum sich das Stadtbild in den letzten 100 Jahren – je nach Ort insgesamt oder in einigen Aspekten – gewandelt hat (Zerstörungen durch Kriege, Industrialisierung, Modernisierung usw.). Die Hypothesen werden an der Tafel oder am interaktiven Whiteboard festgehalten und dienen im weiteren Verlauf des Unterrichts als roter Faden.

Mögliche Fallstricke und Tipps

- Die Methode „Fotorallye" eignet sich auch gut für Wandertage, Exkursionen, Klassen- oder Studienfahrten.
- Digitalisierte historische Fotos zum eigenen Schulort findet man im Stadt-, Kreis- oder Landesarchiv. Auch die Sammlungen der Wikimedia Commons® (*https://commons.wikimedia.org/wiki/Main_Page*) und von Flickr Commons (*https://www.flickr.com/commons*) können weiterhelfen. In ländlichen Gegenden sind es oft Geschichtsvereine, die in den letzten Jahrzehnten tolle Sammlungen aufgebaut und zum Teil bereits digitalisiert haben. Nachfragen lohnt sich und im besten Fall ergeben sich für den Geschichtsunterricht in der Schule dauerhafte Kooperationsmöglichkeiten.
- Bei größeren Städten ist es wichtig, die historischen Motive so auszuwählen, dass sie in der vorgegebenen Zeit zu Fuß erreicht werden können.
- Die Idee kann auch um spielerische Elemente erweitert werden: Die Schüler bewerten ihre Fotos gegenseitig mit bis zu fünf Sternen oder Punkten. Bewertet wird jeweils, wie gut die historische Perspektive getroffen wurde. Die Gruppe, die am Ende die meisten Punkte hat, gewinnt. Dieses Spielprinzip ist z. B. auch für das „Mapping Game" in der „App in die Geschichte" umgesetzt (*https://geschichtsunterricht.wordpress.com/2014/04/27/app-in-die-geschichte-funktionen-und-unterrichtsideen-2-mapping-game/*). 1
- Die historischen Fotos sowie die Aufnahmen des aktuellen Stadtbilds können darüber hinaus für eine spätere Ergebnispräsentation in Form einer digitalen Karte (siehe hierzu auch „1.4 Digitale Karten erstellen", S. 14) genutzt werden. Die Fotos werden in die Karte eingebettet, die dann mithilfe der Fotos und ergänzt um Texte der Schüler exemplarisch die Veränderung der Stadt aufzeigt.
- Mithilfe einer App lassen sich auch historische und aktuelle Fotos übereinanderlegen. Mittels eines Sliders können die Fotos nach und nach aufgedeckt und vergleichend betrachtet werden. Eine Anleitung für die Nutzung einer solchen Anwendung innerhalb des Programms WordPress findet sich unter *http://historischdenken.hypotheses.org/3035*.

Analoge Alternative

Die Schüler erhalten die historischen Fotos als Kopie. Sie suchen die Motive im aktuellen Stadtbild und notieren den Straßennamen und ggf. die Hausnummer. Die Ergebnisse werden im Plenum miteinander verglichen.

Beispiele

- Wiederaufbau des Barbara-Denkmals in Koblenz: *https://geschichtsunterricht.wordpress.com/2014/04/11/unterrichtsmaterial-ein-denkmal-aus-dem-kaiserreich-wieder-aufbauen/* 2

1

2

Daniel Bernsen: 33 Ideen Digitale Medien Geschichte
© Auer Verlag

20–30 Minuten

 Erarbeitung

 Veränderungen wahrnehmen und beschreiben

Beschreibung

Data-Mining bezeichnet die Anwendung statistischer Methoden auf große Datenmengen mit dem Ziel, Entwicklungen oder Verbindungen zu entdecken.

Mit dem Google® Books Ngram Viewer (*https://books.google.com/ngrams/*) lassen sich die von Google® digitalisierten und unter Google® Books öffentlich verfügbaren Bücher durchsuchen. Als Suchbegriff können einzelne Begriffe oder Wortfolgen (daher auch „n-gram") eingegeben werden. Als Ergebnis wird angezeigt, wie häufig die Wörter in den Büchern des ausgewählten Zeitraums vorkommen, zudem erhält man die digitalisierten Fundstellen, die eine Kontextualisierung der Begriffe ermöglichen. Es können auch mehrere Begriffe oder Wortfolgen vergleichend gesucht werden. Google® Books umfasst einen Fundus von 5,2 Millionen Büchern auf Englisch, Deutsch, Französisch, Hebräisch, Russisch und Spanisch, die zwischen 1500 und 2008 gedruckt wurden. Der Google® Books Ngram Viewer kann einen exemplarischen Einblick in die technischen und methodischen Möglichkeiten quantitativer Analyseverfahren in der Arbeit mit „Big Data" für die Geschichtswissenschaft bieten.

Benötigte Materialien und technische Voraussetzungen

- mindestens ein Computer oder Tablet mit Internetzugang
- ggf. Computer und Beamer oder ein ⇨ interaktives Whiteboard, um die Grafik im Plenum diskutieren zu können

Ablauf und Methode an einem konkreten Beispiel

- Setting: Bedeutung des 30. Januar 1933
- Vorwissen: Die Schüler kennen die unterschiedlichen Begriffe „Machtergreifung", „Machtübernahme" und „Machtübergabe" und haben bereits über deren unterschiedliche Bedeutung diskutiert.
- Haben sich die Schüler ausreichend mit den Begriffen und ihrer Bedeutung auseinandergesetzt, kann mithilfe des Google® Books Ngram Viewers die Häufigkeit der drei Begriffe in deutschsprachigen Publikationen überprüft werden.
- Die Schüler beschreiben zunächst den Verlauf der Graphen. Anschließend formulieren sie weiterführende Fragen oder stellen begründete Hypothesen über auffällige Spitzen, Rückgänge und Trends auf.
- Diese Hypothesen können ggf. auch Ausgangspunkt für weitere Recherchen und ein kleines Projekt sein.

Daniel Bernsen: 33 Ideen Digitale Medien Geschichte
© Auer Verlag

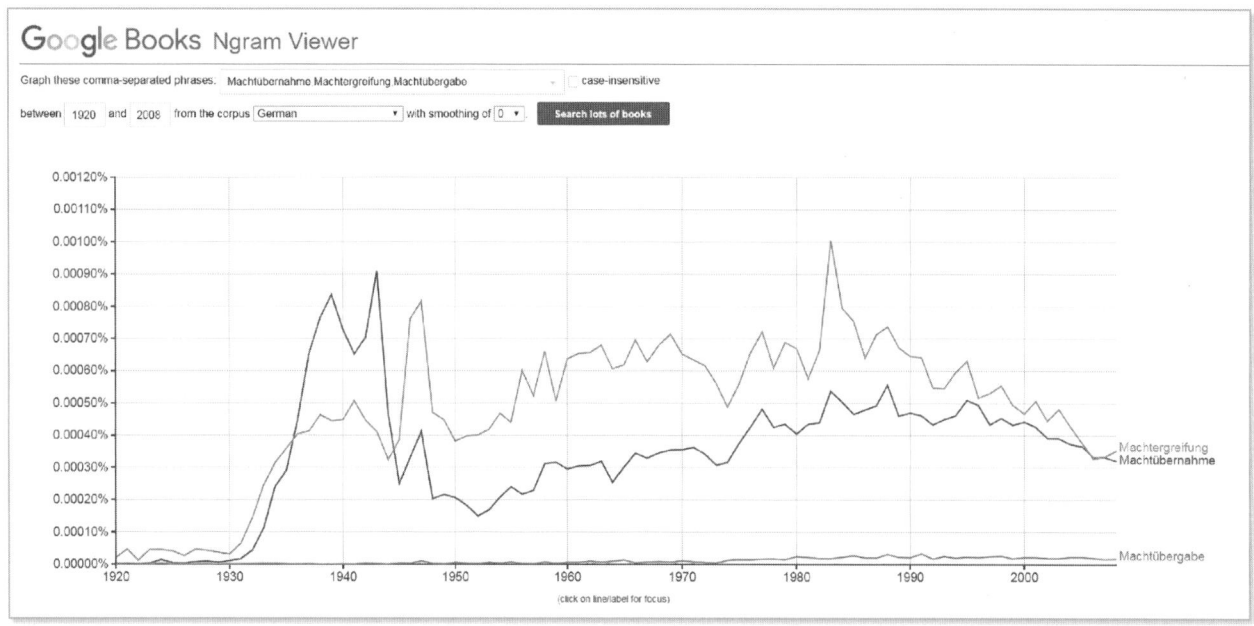

Screenshot von Google® Books Ngram Viewer: Suchanfrage zu der Häufigkeit der drei Begriffe „Machtergreifung",
„Machtübernahme" und „Machtübergabe" in deutschsprachigen Publikationen

Knappe Analyse

In der NS-Zeit war der Begriff „Machtübernahme" deutlich weiter verbreitet als der Begriff „Machtergreifung". Letzterer erlebte erst mit dem Ende des Zweiten Weltkriegs einen rasanten Aufstieg.
Da der Begriff „Machtergreifung" auf ein dynamisches, aktives, vielleicht sogar gewaltsames
Vorgehen verweist, könnte ein Zusammenhang hergestellt werden mit dem Versuch, den Aufstieg
der NSDAP als unabwendbare „Naturkatastrophe" darzustellen, gegen die der einzelne machtlos
gewesen sei. Mit der Zeit aber haben sich die beiden Begriffe „Machtübernahme" und „Macher-
greifung" in der Häufigkeit ihrer Verwendung einander angenähert. Der Begriff „Machtübergabe"
konnte sich nie in der Breite durchsetzen.

Bei der Durchsicht der Fundstellen stellt man fest, dass einzelne Autoren bereits in den 1930er und
1940er Jahren – vor allem in Bezug auf die Anfänge der NS-Zeit (Hitler als Reichskanzler, besonders
aber auch das „Ermächtigungsgesetz") – von „Machtübergabe" gesprochen haben. Einige der im
Verhältnis zu den beiden anderen Begriffen wenigen Fundstellen beziehen sich jedoch auch auf
ganz andere Zusammenhänge (z. B. die Geschichte Indiens oder des Iraks). Somit muss die Bedeutung des Begriffs „Machtübergabe" letztlich noch geringer angesetzt werden.

Mögliche Fallstricke und Tipps

- Technisch sind nur ganz basale Kenntnisse nötig. Komplex wird die Aufgabe, da eigene Fragestellungen erarbeitet, vergleichbare Begriffe bzw. Wortfolgen ausgewählt und der Untersuchungskor-
pus eingegrenzt werden müssen.
- Einzelne Begriffe werden sowohl diachron als auch synchron in unterschiedlichen Kontexten genutzt. Aus diesem Grund sollte mithilfe der Fundstellen zumindest stichprobenartig geprüft werden, wie ein Begriff zu verschiedenen Zeitpunkten in verschiedenen Publikationen jeweils verwendet wird.
- Einige Begriffe sind durchgängig mehrdeutig und eignen sich daher nicht für diese quantitative
Herangehensweise, z. B. der Begriff Aufklärung (militärische und philosophische Bedeutung).
- Zum Teil ist die zeitliche oder sprachliche Zuordnung einzelner Bücher in Google® Books nicht
korrekt. So werden beispielsweise Fundstellen für den Begriff „Computer" bereits ab Ende des
18. Jahrhunderts angezeigt. Bei der Durchsicht der Textstellen stellt man schnell fest, dass es sich
um Fehler der Texterkennung handelt, z. B. lat. „compluten" oder franz. „comparée" in alten Druck-
schriften.

Daniel Bernsen: 33 Ideen Digitale Medien Geschichte
© Auer Verlag

- Eine alternative Herangehensweise ist, die Schüler selbst zu vergleichende Suchbegriffe suchen zu lassen. Auf diese Weise lernen sie auch, dass die Suchanfragen im Laufe des Untersuchungsprozesses angepasst und präzisiert werden können / müssen (Einschränkung / Ausweitung der Zeitachse, Veränderung der Suchbegriffe und / oder Sprache), um bessere Ergebnisse zu erhalten. Der Google® Books Ngram Viewer ist in dieser Hinsicht ein sehr einfaches Instrument, um die Fragekompetenz der Schüler zu fördern und sie an wissenschaftliches Denken heranzuführen.

Analoge Alternative

Eine vergleichbare analoge Alternative existiert nicht. Die Technik ermöglicht sowohl, dass die Publikationen verfügbar sind, als auch die Analyse großer Datenmengen. Damit aber werden neue Fragestellungen und Forschungsmethoden in der Geschichtswissenschaft möglich.

Beispiele

- „Beerhall Putsch, Munich Putsch, Hitlerputsch" (siehe hierzu auch „2.3 Historische Namen und Fachbegriffe übersetzen und deuten", S. 36): *https://goo.gl/aQZncg* `1`
- „Hitlerputsch, Hitler-Ludendorff-Putsch, Bürgerbräu-Putsch, Marsch auf die Feldherrnhalle": *https://goo.gl/luA9zr* `2`
- „Holocaust, Shoah, Shoa, Auschwitz": *https://goo.gl/m3QGDA* `3`
- „Erster Weltkrieg, Diktatfrieden, Versailler Friedensvertrag": *https://goo.gl/0IJLxl* `4`

`1`

`2`

`3`

`4`

inhaltliche Vorbereitung ca. 30 Minuten, Durchführung je nach Gruppe und Thema ca. 15–30 Minuten, Nachbereitung ca. 15–20 Minuten

 Vertiefung

 eigene Fragestellungen entwickeln

Beschreibung

Die Schüler befragen zu einem historischen Thema einen Experten. Da oft ein persönliches Treffen nicht möglich ist, wird dafür eine Chat- oder Videosoftware genutzt und auf diese Weise der Experte ins Klassenzimmer geholt.

Benötigte Materialien und technische Voraussetzungen

- Computer mit Internetzugang sowie Beamer
- Chat- oder Videosoftware (in der Schule und beim Experten dieselbe Software, z. B. Skype®)
- für eine Audio- bzw. Videokonferenz: Mikrofon und Webcam

Ablauf und Methode an einem konkreten Beispiel

- Setting: Abschluss der Unterrichtsreihe über das alte Ägypten
- Vorbereitung: Der Lehrer fragt im Vorfeld beispielsweise bei einer Universität an, ob ein Dozent des ägyptologischen Instituts bereit wäre, den Schülern an einem Vormittag für ca. eine halbe Stunde Fragen zum alten Ägypten zu beantworten.
  Die Schüler sammeln während der gesamten Unterrichtsreihe Fragen, die sich im Laufe des Unterrichts ergeben oder die sie generell zu diesem Thema interessieren. Die Fragen werden auf Plakaten, die an einer Wand im Klassenzimmer aufgehängt sind, notiert.
  Am Ende der Unterrichtsreihe schauen sich die Schüler noch einmal alle Fragen an, entscheiden, welche Fragen tatsächlich noch nicht beantwortet sind und welche sie weiterhin interessieren, und überlegen, ob es noch weitere Fragen gibt, die sie bisher nicht notiert haben. Sie fassen die Fragen zu thematischen Einheiten zusammen und priorisieren sie. Es werden einzelne Schüler ausgewählt, die die Rolle als Gesprächspartner und die Verantwortung für einen Themenblock übernehmen
- Während der Videokonferenz stellen dann die für die einzelnen Themenblöcke Verantwortlichen ihre Fragen an den Experten. Wichtig ist, dass sie auch aktiv zuhören und ggf. Nachfragen stellen und nicht nur ihre Liste mit Fragen abarbeiten. Die übrigen Schüler haben verschiedene Aufgaben, z. B. die Antworten des Experten zu einem bestimmten Themenblock notieren oder die Gesprächsführung der das Interview führenden Mitschüler beobachten.
- In der Nachbereitung werden sowohl die Antworten des Experten besprochen – hierzu werden ggf. die Notizen aus dem Gespräch herangezogen – als auch die Gesprächsführung und der Gesprächsverlauf reflektiert. Weitere Fragen, die sich aus dem Gespräch ergeben haben, können in der nächsten Unterrichtsstunde aufgegriffen werden.

Mögliche Fallstricke und Tipps

- Da nur wenige Schüler aktiv an dem Interview teilnehmen können, ist es umso wichtiger, dass die Fragen gemeinsam vorbereitet werden und die Gesprächsteilnehmer die Fragen stellvertretend für die gesamte Klasse stellen. Den übrigen Schülern können unterschiedliche Beobachtungsaufträge gegeben werden, die dann bei der Nachbereitung besprochen und ausgewertet werden.

Daniel Bernsen: 33 Ideen Digitale Medien Geschichte
© Auer Verlag

- Je nach Internetverbindung kann bei einer Videokonferenz die Bild- und Tonübertragung stocken. Ist dies der Fall sollte die Bildübertragung abgeschaltet werden – am besten von beiden Teilnehmern. Die Tonübertragung allein ist zwar nicht ganz so ansprechend, der Datentransfer ist jedoch deutlich geringer und somit die Übertragung deutlich besser.
- Es kann immer passieren, dass einer der beiden Gesprächspartner den Termin vergisst oder aus einem anderen Grund zu dem vereinbarten Zeitpunkt nicht online ist. Für diesen Fall sollten der Lehrer und der Experte einen zweiten Kommunikationskanal vereinbaren, z. B. Austauschen der Telefonnummern, sodass man den Gesprächspartner ggf. kurz anrufen kann.
- Je nach Alter, Interesse und Selbstständigkeit der Schüler können auch die Lernenden selbst recherchieren, wer ein Experte zu dem aktuellen Unterrichtsthema ist, diesen anschreiben und das Experteninterview, unterstützt durch den Lehrer, selbst organisieren.

Analoge Alternative

Sofern möglich, ist natürlich ein Besuch im Museum oder einer Universität vorzuziehen. Das Experteninterview per Chat oder Videokonferenz ist dann wertvoll für den Unterricht, wenn die Möglichkeit zu einer realen Begegnung mit dem Experten nicht besteht.

Infoseiten

- Beobachtungen zum Thema Schülerfragen im Geschichtsunterricht:
  https://geschichtsunterricht.wordpress.com/2011/02/24/zum-thema-schulerfragen-im-geschichtsunterricht/

1

1

 Planung ca. 15–20 Minuten, Vorbereitung ca. 30–60 Minuten (ggf. als Hausaufgabe), Durchführung ca. 45–120 Minuten

 Wiederholung

 eigene Fragestellungen entwickeln

Beschreibung

Ein Barcamp ist eine Konferenz zum Mitmachen. Es gibt keine herkömmlichen Referenten, sondern nur Teilnehmer, wobei jeder Teilnehmer zumindest potenziell auch Referent ist. Die Inhalte der Konferenz werden von den Teilnehmern vor Ort festgelegt und sie gestalten die einzelnen „Sessions" oder „Workshops".

In der Schule lässt sich dieses offene Format insbesondere zur Prüfungsvorbereitung nutzen, da Voraussetzung ist, dass alle Teilnehmer Vorwissen besitzen und etwas zu dem gemeinsamen Oberthema beitragen können.

Der Vorteil dieser Methode ist, dass – anders als sonst üblich – nicht alle alles wiederholen müssen, sondern die Schüler selbst die Themen auswählen können, bei welchen sie noch Schwierigkeiten haben und die sie wiederholen möchten. Die Schüler unterstützen sich hierbei im Sinne des ⇨ Peer-Learning gegenseitig.

Benötigte Materialien und technische Voraussetzungen

- Planung: Computer und Beamer oder ein ⇨ interaktives Whiteboard
- Vorbereitung: Computer oder Tablet mit Internetzugang pro Kleingruppe
  Je nach Gestaltung der Sessions zusätzlich noch spezifische Programme zur Visualisierung und Gestaltung von Präsentationen oder Übungen (siehe hierzu auch „1.2 LearningApps – interaktive Übungen erstellen", S. 10).

Ablauf und Methode an einem konkreten Beispiel

- Setting: Vorbereitung des schriftlichen Abiturs im Leistungskurs
- Planung des Barcamps: Die Schüler nennen Themen, bei welchen sie noch Defizite wahrnehmen und die sie wiederholen möchten (z. B. Interpretieren einer Karikatur, Außenpolitik der Weimarer Republik). Die Themen werden in einem Online-Dokument festgehalten und es wird abgefragt, wer welches Thema in einem Workshop oder in einer Session anbieten kann (Schüler, die das Thema selbst gut verstanden haben, oder Schüler, die sich ohnehin noch einmal intensiver in das Thema einarbeiten möchten). Die Sessions können z. B. Kurzvorträge, angeleitete Übungen oder Diskussionsrunden sein. Auch andere Formen, beispielsweise eine kleine Schreibwerkstatt, sind denkbar. Es wird noch einmal abgefragt, ob und ggf. wie viele Schüler an den jeweils angebotenen Themen interessiert sind. Anschließend können die Themen als Sessions in die Planungstabelle übertragen werden. Es finden – je nach Interesse und Größe der Lerngruppe – jeweils mehrere Sessions parallel statt. Hierzu können entweder verschiedene Räume der Schule genutzt oder im Klassenzimmer verschiedene Ecken abgeteilt werden.

Daniel Bernsen: 33 Ideen Digitale Medien Geschichte
© Auer Verlag

Beispiel für eine Planungstabelle:

	Workshop 1	Workshop 2	Workshop 3	Workshop 4
26.04. 3. Stunde 9:30–9:50 Uhr	Mark & Maria: „Außenpolitik der Weimarer Republik"	Anton & Stefan: „Ursachen & Verlauf der Revolutionen 1848 / 49"		
26.04. 3. Stunde 9:55–10:15 Uhr		Anton & Stefan: „Scheitern der Revolutionen 1848 / 49"	Lena, Lea, Lily: „Interpretation einer Karikatur"	
28.04. 5. Stunde 11:35–11:55 Uhr	Lehrer: „Tipps für die Prüfungsvorbereitung"			
28.04. 5. Stunde 12:00–12:20 Uhr				

- Vorbereitung des Barcamps: Es wird gemeinsam mit den Schülern festgelegt, wie viel Zeit ihnen für die Vorbereitung ihres jeweiligen Workshops, entweder im Unterricht oder zu Hause, zur Verfügung steht. Die Schüler überlegen sich einen Ablauf sowie eine passende Methode für ihren 20-minütigen Workshop, es müssen passende Materialien gesucht, ausgewählt oder selbst erstellt werden. Darüber hinaus bereiten sie vertiefende Aspekte vor und suchen weiterführende Literatur oder gute Internetseiten zur Wiederholung des Themas.
  Der Lehrer betreut und unterstützt die Schüler bei der Vorbereitung intensiv.
- Durchführung des Barcamps: Die Sessions werden auf mehrere Unterrichtsstunden verteilt durchgeführt. Die Schüler wiederholen so gemeinsam zentrale und von ihnen selbst als relevant erachtete Inhalte und Methoden. Diese Form der gemeinsamen Prüfungsvorbereitung wird in selbstständig organisierten Lerngruppen außerhalb des Unterrichts fortgesetzt.

Mögliche Fallstricke und Tipps

- Das Barcamp steht und fällt mit den Teilnehmern. Ob die Methode erfolgreich genutzt wird, liegt in der Verantwortung der Schüler. Somit sollte das Barcamp bevorzugt mit Lerngruppen durchgeführt werden, die bereits mit offenen Lernformen vertraut sind.
- Wird das Barcamp in der Mittelstufe zur Wiederholung einer Unterrichtsreihe eingesetzt, z.B. vor einem Test, sollte hierfür in der Regel nur eine Unterrichtsstunde veranschlagt werden. Die einzelnen Sessions dauern dann fünf bis maximal zehn Minuten.
- In der Abiturvorbereitung macht ein Barcamp nur Sinn, wenn es über einen längeren Zeitraum bzw. über mehrere Unterrichtsstunden eingesetzt wird. Je nach Umfang und Zuschnitt der gewählten Themen können die Sessions hier auch eine volle Unterrichtsstunde einnehmen.
- Wer selbst eine Session leitet, kann nicht an einem zeitgleich stattfindenden Workshop teilnehmen. Es kann im Vorfeld abgefragt werden, wer an welchem Workshop teilnehmen möchte. Bei der Sessionplanung alle Workshop-Wünsche zu berücksichtigen, ist allerdings nicht ganz so leicht und etwas zeitaufwendiger. Die Planung sollte dann außerhalb des Unterrichts stattfinden.
- Bei der Planung können und sollten auch einige Sessions frei bleiben, sodass die Gruppen die Möglichkeit haben, ihren Workshop bei Bedarf in einer zweiten Session fortzusetzen, oder sich bei auftauchenden Fragestellungen neue Gruppen bilden können. Diese Angebote sollten immer für alle sichtbar in die Planungstabelle eingetragen werden.

- Das Barcamp funktioniert im schulischen Kontext ähnlich wie das Konzept „Lernen durch Lehren" (LdL), mit dem Unterschied, dass sich die Schüler bei der hier vorgestellten Unterrichtsidee nicht neu in ein Thema einarbeiten müssen, sondern dieses zeitlich begrenzt nur zur Wiederholung aufbereiten.
- Barcamp wie LdL bieten die Möglichkeit, den Unterricht im Rahmen des vorgegebenen Zeitrhythmus und unter Beachtung der Lehrplanvorgaben zu öffnen. Die Schüler gewinnen neue Wahl- und Gestaltungsmöglichkeiten und sie übernehmen Verantwortung für ihr Lernen. Der Lehrer gibt die Rolle des zentral steuernden Akteurs auf. Er begleitet die Schüler, berät und hilft. Die Schüler erhalten somit eine individuelle Unterstützung in ihrem Arbeits- und Lernprozess.

Analoge Alternative

Ein Barcamp lässt sich auch analog durchführen. Die Planung wird an der Tafel oder auf einem Plakat festgehalten. Wichtig ist, dass sie allen Teilnehmern zur Verfügung steht (ggf. abschreiben oder fotografieren). Für die Vorbereitung der Sessions nutzen die Schüler die Schulbücher und ihre Aufzeichnungen im Heft. Die Materialsuche kann in der Schulbibliothek durchgeführt werden oder der Lehrer stellt eine Auswahl bisher noch nicht verwendeter Materialien bereit.

Daniel Bernsen: 33 Ideen Digitale Medien Geschichte
© Auer Verlag

3–12 Unterrichtsstunden (je nach Umfang)

 Projekt

 eigene Fragestellungen entwickeln

Beschreibung

Die Schüler zeichnen Zeitzeugeninterviews auf, werten diese aus und veröffentlichen schließlich die Ergebnisse der Projektarbeit.

Dieses Projekt ist etwas umfangreicher und zeigt exemplarisch auf, wie verschiedene der in diesem Band vorgestellten Methoden und Unterrichtsideen in einem größer angelegten Projekt miteinander kombiniert werden können.

Benötigte Materialien und technische Voraussetzungen

- Computer mit Internetzugang sowie einem vorinstallierten Textverarbeitungsprogramm pro Kleingruppe
- Aufnahmegerät oder Smartphone pro Kleingruppe
- ggf. ein Account zur Veröffentlichung des fertigen Produkts, z. B. eines E-Books auf scribd® (*https://de.scribd.com*) oder einer anderen Plattform

Ablauf und Methode an einem konkreten Beispiel

- Setting: Deutsche Geschichte von 1945–1949
- Stunde 1: Die Einführung in das Thema erfolgt mithilfe einer spielerischen Zuordnung von Daten und Ereignissen aus dem gewählten Zeitraum (siehe hierzu auch „1.2 LearningApps – interaktive Übungen erstellen", S. 10), die anschließend jeweils einer Kategorie (Politik, Wirtschaft, Gesellschaft usw.) zugeordnet werden. In Kleingruppen bereiten die Schüler einen Kurzvortrag (siehe hierzu auch „1.7 Einen Pecha Kucha-Vortrag erstellen", S. 20) zu jeweils einer Kategorie mithilfe von Schulbuch und Internetrecherche vor (siehe hierzu auch „3.1 Online recherchieren und Zuverlässigkeit von Internetseiten prüfen", S. 40).
- Stunde 2: Die Gruppen halten ihre Kurzvorträge. Anschließend werden aus den Kurzvorträgen die gemeinsamen typischen Merkmale des gewählten Zeitausschnitts herausgearbeitet.
- Stunde 3: Die Schüler verfassen einen kurzen Text über den letzten Wandertag (oder ein anderes gemeinsames, zeitlich nicht allzu weit zurückliegendes Ereignis). Drei oder vier Schüler tragen ihre Texte vor, die dann im Plenum im Hinblick auf die zutage tretenden unterschiedlichen Erinnerungen und die möglichen Ursachen hierfür (Perspektivität, Subjektivität, Vergessen usw.) untersucht werden.
  Als Hausaufgabe befragen die Schüler ihre Großeltern, Eltern oder ältere Geschwister zu einem „weltgeschichtlichen" Ereignis, das möglichst emotional besetzt ist und außerhalb des Untersuchungszeitraums liegt (z. B. Fall der Mauer oder 11. September 2001). Was haben sie an diesem Tag getan? Wie haben sie diesen Tag erlebt?
- Stunde 4: Die Ergebnisse der Befragung werden kurz in Form einer Redekette vorgestellt. Die Beiträge knüpfen jeweils aneinander an, indem Überschneidungen und Ähnlichkeiten mit den Aussagen des Vorredners verknüpft werden. Anschließend lesen die Schüler einen Schulbuchtext zu dem Ereignis der Befragung, vergleichen diesen mit der Darstellung der Zeitzeugen und arbeiten die Unterschiede der Textgattungen heraus (emotional vs. sachlich, Überblick vs. Ich-Perspektive usw.). In Partnerarbeit erstellen die Schüler eine Tabelle mit möglichen „Problemen" in Bezug auf Zeit-

zeugenbefragungen und methodischen Vorschlägen, wie damit umgegangen werden kann. Jeweils zwei Paare schließen sich zu einer Gruppe zusammen. Die Schüler vergleichen ihre Ergebnisse und erstellen gemeinsam eine „Tipp"-Liste für Zeitzeugeninterviews. Abschließend stellt eine Gruppe ihre Liste im Plenum vor.

- Stunde 5: Der Lehrer zeigt den Schülern zwei möglichst unterschiedliche Interviews. Idealerweise können die Schüler die Videoausschnitte alleine oder in Kleingruppen anschauen. Die Leitfragen sind:
  - Welche Technik wird angewendet, um Informationen zu bekommen?
  - Wie geht der Interviewte mit den Fragen um?
  - Wie ist der Ton des Interviews? (aggressiv, freundlich, formal usw.)
  - War das Interview erfolgreich? (für den Interviewer und für den Interviewten)

  Die Beobachtungen werden im Plenum ausgewertet.

  Anschließend werden Kriterien für ein gutes Interview festgelegt (Herstellen einer angenehmen Gesprächsatmosphäre, aktives Zuhören, Nachfragen usw.) und es wird erörtert, warum und wie Interviews für Geschichte eine Rolle spielen können. Gemeinsam wird überlegt, wer als Zeitzeuge für welches Thema in Frage kommt. Sind nur berühmte Menschen und Politiker interessante Zeitzeugen? Was macht ein gutes Zeitzeugengespräch aus? Die Ergebnisse werden festgehalten.

- Stunde 6 und 7: Die Schüler erhalten verschiedene Fotos ihres Schulorts aus der unmittelbaren Nachkriegszeit. In Kleingruppen suchen sie die Aufnahmeorte im heutigen Stadtbild, machen dort ein Foto und bringen dieses zur nächsten Unterrichtsstunde mit. Die Archivfotos und die Fotos von heute werden in einer Ausstellung im Klassenzimmer oder digital gegenübergestellt, um Kontinuitäten und Veränderungen im Stadtbild zu veranschaulichen (siehe hierzu auch „5.2 Fotorallye – den Schulort mit dem Smartphone entdecken", S. 65). Im Anschluss beschäftigen sich die Schüler in ihren Kleingruppen arbeitsteilig mit dem politischen, wirtschaftlichen und sozialen Kontext auf lokaler Ebene und verbinden ihre Erkenntnisse mit einzelnen Elementen der Archivfotos.

- Stunde 8: In einer gemeinsamen Diskussion wird festgelegt, welches Produkt am Ende dieses Projekts stehen soll, z. B. Vortrag, Film, Podcast, Buch oder Blog. Je nach Ziel wird die Vorbereitung der Interviews entsprechend angepasst, z. B. Technik (nur Tonaufnahme?, Fotos?, Video?), Veröffentlichungsgenehmigung (siehe hierzu auch „1.12 Eine Geschichtsdokumentation drehen", S. 30).

  Die Schüler schließen sich in Kleingruppen zusammen (zwei bis drei Schüler). In Absprache mit dem Lehrer wählt jede Gruppe einen eigenen thematischen Schwerpunkt innerhalb des Untersuchungszeitraums. Die Schüler überlegen, wer für ihren Schwerpunkt als Zeitzeuge in Frage kommen könnte, sie fragen mögliche Zeitzeugen an, vereinbaren Termine für Vorgespräche und bereiten das Interview durch gezielte Informationssuche zu Thema und Person vor.

  Das Interview kann mit einem Smartphone aufgenommen werden, z. B. mithilfe einer Audio- oder Voice-Recorder-App. Bei der Auswahl der App sollte man darauf achten, dass die Audiodateien in einem gängigen Format (z. B. MP3) gespeichert werden, sodass das Interview in anderen Programmen abgespielt und ggf. auch bearbeitet werden kann.

- Stunde 9 ff.: Für die weitere Projektarbeit werden Meilensteine vereinbart, zu denen bestimmte Arbeitsschritte und Rückmeldungen erledigt sein müssen.

  Die Zeitzeugeninterviews werden schrittweise ausgewertet.

  Hilfreiche Tipps hierzu finden sich u. a. in den Arbeitsblättern der Körber-Stiftung zum Geschichtswettbewerb:

  https://www.koerber-stiftung.de/fileadmin/user_upload/koerber-stiftung/redaktion/ geschichtswettbewerb/pdf/2016/arbeitsblaetter/05_Experten-_und_Zeitzeugeninterview.pdf [1]

  Hilfreich zur Einführung ist auch das Doppelmodul von segu Geschichte (siehe hierzu auch „3.4 Mit Online-Zeitzeugenvideos arbeiten", S. 47):

  https://segu-geschichte.de/zeitzeugen/ [2]

  Die Interviews werden transkribiert, ggf. sprachlich „geglättet" und als einzelne Textdateien gespeichert. Schüler, die mit dieser Arbeit früher fertig sind, übernehmen die Gestaltung eines Titelblatts und des Inhaltsverzeichnisses.

  Schließlich werden alle Dateien zusammengefügt und noch einmal lektoriert.

Daniel Bernsen: 33 Ideen Digitale Medien Geschichte
© Auer Verlag

Mithilfe des Textverarbeitungsprogramms wird die Vorlage in ein PDF-Dokument umgewandelt und als E-Book auf scribd® hochgeladen.

Mögliche Fallstricke und Tipps

- Um die Schüler für die Wahrnehmung von Perspektivität zu sensibilisieren, kann zusätzlich folgende kurze Übung durchgeführt werden: Der Lehrer wählt drei Zeitungsüberschriften zu einem bekannten, aktuellen Thema aus, die zu einem möglichst neutralen Text von drei bis fünf Sätzen erweitert werden sollen. Anschließend werden einige der von den Schülern verfassten Texte miteinander verglichen. Hier kann u. a. der unterschiedliche Gebrauch von Konjunktionen herausgearbeitet werden, um die vorhandene Perspektivität zu erkennen.
- Stehen ausreichend Unterrichtsstunden zur Verfügung, kann in einer Stunde auch die Umsetzung von Interviews in verschiedene journalistische Formen, z. B. Interview-Transkript, Zeitungsartikel mit Zitaten oder Reportage, thematisiert werden.
- Wie viele Unterrichtsstunden vom Beginn der Auswertung der Interviews bis zum Abschluss des Projekts benötigt werden, ist abhängig von dem gewählten Endprodukt sowie den Vorerfahrungen und Kompetenzen der Schüler. Daher sollte flexibel geplant werden, mit der Möglichkeit, weitere Stunden für den Projektabschluss bereit zu stellen, um so der Dynamik der Projektarbeit sowie dem Wunsch nach einem gelungenen Arbeitsprodukt gerecht werden zu können.
- Sollen die Interviews als Audiodateien veröffentlicht werden, kann zum Bearbeiten und Schneiden der Dateien das kostenlose Programm Audacity® (*http://www.audacity.de*) verwendet werden.

Analoge Alternative

Analog ist ein Projekt in dieser oder ähnlicher Form nicht durchführbar. Der vorgestellte Zugang wird erst durch die Verfügbarkeit digitaler Aufnahmegeräte und die einfache Weiterverarbeitung sowohl als Text-, Audio- oder Videodatei möglich. Früher konnten während eines Gesprächs nur handschriftliche Notizen gemacht werden oder es stand nur ein Aufnahmegerät (Audio oder Video) für die ganze Klasse zur Verfügung. Die Unterrichtseinheit zeigt ansatzweise, wie digitale Medien Chancen für Differenzierung und personalisiertes Lernen eröffnen können.

Beispiele und Infoseiten

- „Wir Koblenzer der 1950er und 1960er Jahre. 8 Koblenzer – 8 verschiedene Geschichten"
  (selbst erstelltes Online-Buch auf scribd®):
  https://de.scribd.com/doc/151571109/Wir-Koblenzer-der-1950er-und-1960er-Jahre
- Zum methodischen Rahmen: Projekt „Sharing European Memories at school"
  (nur auf Englisch verfügbar):
  http://memoriesatschool.aranzadi-zientziak.org

1   2   3   4

Blog: ist eine Seite im World Wide Web, deren Beiträge in chronologischer Reihenfolge angezeigt werden. Der aktuellste Artikel steht jeweils ganz oben.

Creative Commons: sind Lizenzen, die eine kostenfreie Nutzung, Weitergabe und zum Teil auch das Verändern von Werken erlauben.
So steht z. B. die Buchstabenfolge „CC-BY-SA" für: CC = Creative Commons, BY = Attribution (Namens-nennung), SA = Share Alike (Weitergabe unter gleichen Bedingungen). Das Werk des Autors darf also kostenfrei verwendet und auch verändert werden, wenn sein Name genannt und das veränderte Werk unter die gleichen Bedingungen gestellt wird.

Etherpad: ist ein leeres weißes Blatt Papier im Web, auf dem ein Text von mehreren Personen gleich-zeitig bearbeitet werden kann. Jeder Co-Autor erhält eine Farbe zugeordnet, in der die von ihm durch-geführten Änderungen markiert werden.

Interaktives Whiteboard (IWB): ist eine digitale Tafel, deren Schreiboberfläche per Beamer projiziert wird und per Hand oder Stift verändert werden kann. Der angeschlossene Computer kann auf die gleiche Weise bedient werden. Es handelt sich also im Grunde um eine Computer-Beamer-Kombina-tion, die über die Projektionsfläche des Beamers bedienbar ist.

Lernplattform: wird oft auch als Learning-Management-System (LMS) bezeichnet und stellt virtuelle Lernräume zur Verfügung, in denen Lehrer und Schüler u. a. zeit- und ortsungebunden diskutieren, kooperativ und kollaborativ arbeiten, Lernmaterialien und -ergebnisse hoch- bzw. herunterladen oder Tests einstellen und ablegen können.

kollaborativ: meint insbesondere gemeinsames Arbeiten oder Schreiben, bei dem z. B. ein Text oder eine Präsentation vollständig gemeinsam erstellt wird (im Gegensatz zum kooperativen Arbeiten oder Schreiben, bei dem jeder einen eigenen Abschnitt oder eine eigene Aufgabe übernimmt). Das bekannteste und größte kollaborative Schreibprojekt im Web ist die Wikipedia®.

Peer-Learning (auch Peer-to-Peer-Learning): ist ein Begriff aus dem Englischen, der das Lernen von Gleichaltrigen meint und auf der Idee beruht, dass jeder von jedem etwas lernen kann und es auch das Lernen in der Schule stärkt, wenn Schüler von ihren Mitschülern und durch ihre Mitschüler lernen.

Public Domain: wird im Deutschen in der Regel mit „Gemeinfreiheit" übersetzt und bedeutet im angelsächsischen Raum „frei von Urheberrechten".

Office-Programm: ist eine Software, die für Büroarbeiten gebraucht wird, z. B. Textverarbeitung oder Tabellenkalkulation.

Playthrough: meint das Durchspielen eines Computer- oder Konsolenspiels, das aufgezeichnet und im Internet, z. B. auf YouTube®, als Video eingestellt wird.

PLE (Personal Learning Environment): meint die persönliche, also individuell gestaltete Lernumge-bung, zu der u. a. Softwareanwendungen, Geräte, wie das eigene Smartphone unterwegs und der PC zu Hause, Lerngruppen oder Institutionen, wie die Stadt- oder Schulbibliothek, gehören können.

QR-Code® (Quick Response-Code): ist ein Quadrat aus schwarzen und weißen Pixeln, das Informati-onen enthält und mit einem Lesegerät, z. B. einer entsprechenden App, die die Fotolinse des Smart-phones nutzt, ausgelesen werden kann. Auf diese Weise können z. B. Texte, Bilder oder Links auf kleiner Fläche und ohne Fehler beim Abtippen weitergegeben werden.

Daniel Bernsen: 33 Ideen Digitale Medien Geschichte
© Auer Verlag

Screenshot: ist das Speichern der aktuellen Ansicht auf dem Bildschirm bzw. eines Ausschnitts davon als Bilddatei auf Smartphone, Tablet oder Computer. Einfach formuliert handelt es sich um ein digitales Foto des Bildschirmbildes.

Storyboard: visualisiert eine Geschichte mit Skizzen in Form eines Drehbuchs, in der Regel zur Vorbereitung eines Films.

Wiki: ist eine Software zur vereinfachten Erstellung von Webseiten mit weniger Gestaltungsmöglichkeiten. Sie wird aufgrund ihrer Struktur häufig für die Erstellung von Online-Wissenssammlungen und Nachschlagewerken genutzt. Die bekannteste ist die Wikipedia®, die auf der Software Media-Wiki® basiert.

Daniel Bernsen: 33 Ideen Digitale Medien Geschichte
© Auer Verlag

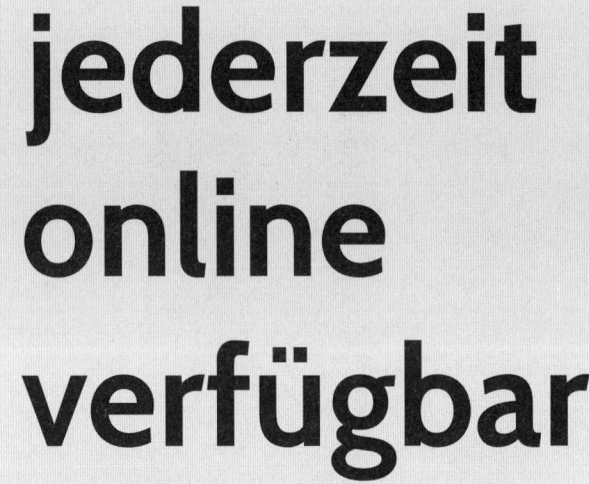